Rhetorik und Kommunikation

Georg Schuhmann

VERLAG EUROPA-LEHRMITTEL · Nourney, Vollmer GmbH & Co.
Düsselberger Straße 23 · 42781 Haan-Gruiten

Europa-Nr.: 73007

Verfasser:

Georg Schuhmann   Dipl.-Wirtschaftspädagoge, StD   Mannheim

Das vorliegende Buch wurde auf der **Grundlage der neuen amtlichen Rechtschreibregeln** erstellt. Ausnahmen bilden Texte einzelner Autoren, die sich gegen die Rechtschreibreform ausgesprochen haben.

ISBN 3-8085-7300-7

1. Auflage 2002

Druck 5 4 3 2

Alle Drucke derselben Auflage sind parallel einsetzbar, da bis auf die Behebung von Druckfehlern untereinander unverändert.

Umschlaggestaltung: Andreas Heilmann Artdirektion, 22765 Hamburg
Satz: CM Graphic & Computersatz, 49525 Lengerich
Druck: Media-Print Informationstechnologie, 33100 Paderborn

Was Sie von diesem Buch erwarten können

Das Ziel: Wir wollen anregen, gern mit diesem Buch zu arbeiten. Diesem Ziel dienen auch die eingestreuten heiteren Texte.

Der Inhalt: Wichtige Themen sind die schriftliche und mündliche Kommunikation.

Wir bieten Ihnen Texte zu grundsätzlichen Problemen und zu aktuellen Fragen aus Politik und Gesellschaft, wie die Lehrpläne dies vorschreiben.

Die Methodik: Wir gehen in jedem Kapitel von einer realen Situation im Betrieb aus. Dazu folgen dann die notwendigen Informationen und Übungen.

Mannheim, im Frühjahr 2002

Georg Schuhmann

Inhalt

1 Rede

Situation

Sie sind Betriebsleiter und bitten Ihren Stellvertreter, er möge die Belegschaft zur Beachtung der Sonnenfinsternis einladen. Jeder möge es seinem Untergebenen weitersagen. So entsteht die folgende Stafette:

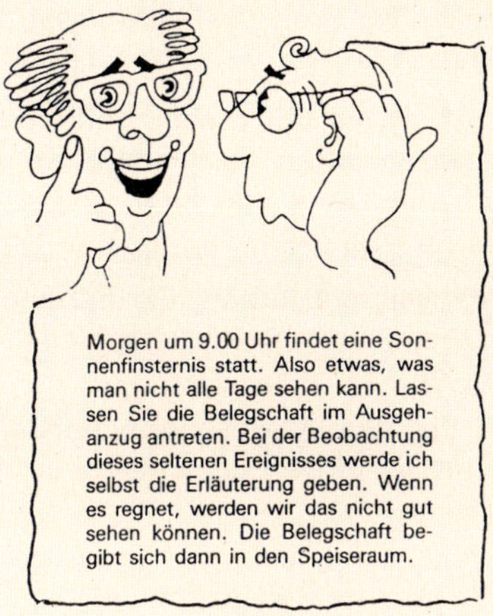

Aufgaben

1 Welche Ursachen führen zu der veränderten Aussage im letzten Bild?

2 Wie kann ich als Redner ein derartiges Missverständnis verhindern?

3 Worauf muss ich als Hörer besonders achten?

4 Lassen Sie sich inspirieren und formulieren Sie ein heiteres Missverständnis.

1.1 Ziele – Probleme

Situation

„Eine Rede ist keine Schreibe." Weil er diese einfache Erkenntnis in einer wichtigen Bundestagsrede nicht beachtet hat, musste vor einigen Jahren Bundestagspräsident Jenninger zurücktreten. Er hatte in seinem Redemanuskript wissenschaftlich exakt zitiert. Er hat aber vergessen, Anfang und Ende der Zitate zu nennen. Darum wurden Zitate als seine Meinung verstanden. Als Folge verließen fast alle Mitglieder der Opposition unter Protest das Plenum.

Illustration: Metz & Schütz

Um das Ziel unserer Rede nicht zu verfehlen, müssen wir die Formulierung, den Aufbau, den Inhalt und vor allem die Gattung sorgfältig auswählen.

Folgende wichtigen und machbaren Gestaltungselemente sollten Sie immer bei der Konzeption einer Rede beachten:

- Sehen ist besser als nur hören.
- Beides zusammen erhöht die Behaltensquote. Setzen Sie also Körpersprache und Medien ein.
- Geben Sie den Anwesenden beispielsweise durch Fragen die Gelegenheit mitzureden.
- Das eigene Handeln des Publikums erzielt zwar die höchste Behaltensquote, ist aber – zumindest im beruflichen Bereich – bei einer Rede schwer einzubeziehen.

1.2 Funktionen – Inhalte

Unsere Sprache gliedert sich – sowohl schriftlich als auch mündlich – in drei große Textgruppen. Es gibt informierende Texte, expressive (ausdrucksvolle) Texte und appellierende (auffordernde) Texte. Wenn Sie sprechen, dann wollen Sie unterrichten, Gefühle äußern oder zu einer Handlung auffordern. Immer haben Sie ein Hauptziel. Diesem entsprechen folgende Funktionen der Rede: Information, Ausdruck und Appell.

Um bestimmte Ziele zu erreichen, müssen Sie die Inhalte auswählen und einsetzen, welche dem Ziel entsprechen.

1.2.1 Information

Bei der informierenden Rede gehen Sie von einem Problem aus und zielen auf dessen Lösung. Die Inhalte sind bestimmt von Sachaussagen, Argumenten, Beweisen, Beispielen, Zahlen, Zitaten. Die wichtigsten Einsatzgebiete sind Sachfragen im Beruf. Sehr wichtig ist diese Rede auch bei mündlichen Prüfungen.

Stellen Sie die Vorteile und den Nutzen für den Hörer in den Vordergrund, die sich aus Ihrem Vortrag ergeben: technische Neuerungen, Praxisratschläge. Beschreiben Sie nicht nur das Problem (das die meisten Zuhörer wahrscheinlich ohnehin schon kennen). Bieten Sie eine Lösung dafür an – oder mehrere Alternativen.

Achten Sie bei Ihren Informationen auf Glaubwürdigkeit. Belegen Sie Ihre Aussagen durch Daten und Fakten. Sie informieren z. B. die Behörde über den Hergang eines Unfalls, den Sie an einer Kreuzung ohne Ampel gesehen haben, und belegen Ihre Aussagen: „Der rote Opel kam von links und nahm dem blauen VW die Vorfahrt, der von rechts kam."

1.2.2 Ausdruck

Anlässe für eine Ausdrucksrede sind z. B. Begrüßung, Jubiläum, Glückwunsch, Danksagung, Verabschiedung, Beerdigung. Hierbei haben Fakten nur dienende Funktion. Entscheidend ist, dass Sie Ihre Gefühle glaubhaft in Worte fassen und beim Hörer ähnliche Gefühlsregungen wachrufen.

Eine Geburtstagsrede kann z. B. folgenden Aufbau/Inhalt haben:

Anrede:	Liebe(r) Freude Geburtstagsgrüße
Zeit:	Gestern Heute Morgen
Wunsch:	Erfolg Freude Gesundheit
Abschluss:	Zitat Prost

1.2.3 Appell

Appellierende Reden fordern zu Handlungen auf, z. B. zielt jede politische Rede auf einen Appell. Auch hier haben z. B. Argumente und Beweise die Aufgabe, die Hörer zu überzeugen. Der Politiker möchte dem Wähler sagen: „Wählt mich!"

Das gleiche Prinzip gilt auch für jedes Verkaufsgespräch. Ziel ist: „Kauft bei mir!"

Zusätzlich kommen allerdings noch drei wichtige rhetorische Mittel hinzu: Stimme, Verhalten und Medien.

Die Werberede sollte vier Punkte enthalten, entsprechend dem AIDA-Modell:

Attention = Aufmerksamkeit erregen

Interest = Interesse wecken

Desire = Wunsch (Kaufwunsch) wecken

Action = Handeln auslösen

A	Aufmerksamkeit	Meine Damen und Herren, wir haben Ihnen die neue Generation Handys mitgebracht, die Sie hier auf dem Tresen sehen.
I	Interesse	Sie können damit nicht nur telefonieren, sondern auch schriftliche Botschaften senden. Für Sie als Designer ist es doch sicher interessant, Zeichnungen zu übermitteln.
D	Kaufwunsch wecken	Darum sollten Sie sich unbedingt ein solches Gerät zulegen. Es wird Ihre Arbeit wesentlich erleichtern.
A	Handeln auslösen	Wir bieten Ihnen heute das Gerät zum Messepreis an – also 10 % billiger.

Sprachliche Äußerungen stehen niemals isoliert. Neben der Absicht, die jede Äußerung verfolgt – Information, Ausdruck, Appell – sagt sie auch immer etwas über die Beziehung zwischen den Gesprächspartnern. Grundsätzlich lassen sich zwei Arten von Beziehungen unterscheiden. Zum einen gibt es eine symmetrische Beziehung zwischen den Gesprächspartnern, zum anderen eine komplementäre Beziehung.

Bei der symmetrischen Beziehung sind die Partner in der gleichen Position, keiner ist dem anderen aufgrund seiner Stellung überlegen (Schüler untereinander; Arbeitskollegen). Eine komplementäre Beziehung besteht, wenn die Partner unterschiedliche Positionen einnehmen, einer dem anderen überlegen ist und die ungleiche Stellung von beiden akzeptiert wird (Chef / Angestellter; Arzt / Patient).

Aufgaben

1 Ordnen Sie folgende Textsorten den drei Textgruppen zu. Welche Schwierigkeiten ergeben sich dabei?

Seminareröffnung Referat	Dienstjubiläum Gebrauchsanleitung	Warenpräsentation Protokoll	Interview Vorstellungsrede

2 Nennen Sie fünf weitere Themen für die verschiedenen Arten von Reden.

3 Formulieren Sie zu jedem Punkt des AIDA-Modells einen Satz.

4 Formulieren Sie die Hochzeitsrede für Ihren besten Freund (Ihre beste Freundin).

5

Illustration: Ernst Hürlimann / CCC

... deshalb bitte den Walkman so einstellen, dass andere Fahrgäste nichts hören. Sie sollten wissen: Tonwiedergabegeräte aller Art dürfen in Fahrzeugen und Bahnhöfen nicht benutzt werden. Aber: Was andere nicht hören, wird auch nicht stören. Angenehme Fahrt Ihre MVV

a) Welche Informationen enthält dieses Plakat der Verkehrsbetriebe München?

b) Welche direkten bzw. indirekten Appelle erkennen Sie darin?

1.3 Teile der Rede

Situation

Für die meisten Schüler genügt die Gliederung ihres Aufsatzes in Einleitung, Hauptteil und Schluss. Sie sind als Redner anspruchsvoller und fragen sich:

1. Welche konkreten Möglichkeiten der Einleitung habe ich und welche motiviert die Zuhörer bei meinem Thema am stärksten?
2. Nach welcher Systematik gliedere ich den Redekern?
3. Welcher Schluss eignet sich am besten für die Funktion und das Ziel meiner Rede?

„Beredsamkeit ist die Kunst, so von den Dingen zu sprechen, dass jedermann gern zuhört."

Blaise Pascal

Der Inhalt des Vortrages sollte meistens drei Teile haben:

- Am **Anfang** müssen Sie motivieren, also den Kontakt zwischen Redner, Thema und Publikum herstellen. Ziel ist, die Zuhörer aufmerksam zu machen. Wir bieten Ihnen hier mehrere Möglichkeiten an. Eine passt immer:

  Stellen Sie sich kurz vor.

  Knüpfen Sie an den Vorredner an.

  Sagen Sie etwas Angenehmes über den Beruf, die Firma oder die Stadt, in der Sie sprechen.

  Erzählen Sie ein Erlebnis, ein Beispiel oder eine Anekdote passend zum Thema.

  Kennzeichnen Sie die Situation oder den Stand der Debatte.

  Wecken Sie die Neugier mit einer Frage.

  Beginnen Sie mit einer markanten Aussage, die provoziert.

  Zitieren Sie – im Zweifelsfall – Goethe, Schiller oder die Bibel.

  In jedem Fall muss die Einleitung als Brücke zum Thema dienen. „Wenn man das erste Knopfloch verfehlt, kommt man mit dem ganzen Zuknöpfen nicht zurande" (Goethe). Beginnen Sie immer mit einer Pause. Warten Sie, bis Ruhe im Saal ist. Sammeln Sie sich und erhöhen Sie dadurch die Spannung.

- Den **Redekern** leiten Sie am besten ein, indem Sie das Thema und die Frage nennen. Sie können ihn in folgende Punkte gliedern:

  Zustandsanalyse

  Zielprojektion

  Mittelwahl zur Abhilfe

  Appell an die Zuhörer

  In allen Fällen gilt die logische Gedankenführung. Sie müssen auch stets von einer Aussage zur anderen überleiten.

- Das **Ende** der Rede muss kurz, aber klar formuliert sein. Wir empfehlen eine von folgenden Möglichkeiten:

  Fassen Sie die Aussagen und die Ergebnisse zusammen.

  Nehmen Sie Stellung, indem Sie das Ergebnis werten.

  Drücken Sie einen Wunsch, eine Hoffnung oder eine Erwartung aus.

  Fordern Sie zu einer Handlung auf.

  Bieten Sie einen Ausblick in die Zukunft.

  Zitieren Sie, z.B. Martin Luther: „Ich kann nicht anders. Hier stehe ich. Gott helfe mir! Amen!"

  Ein guter Schluss ist auch, das Publikum zu einer Diskussion aufzufordern. Unterliegen Sie nicht der Unart vieler Kommentatoren, die sich mit den folgenden Worten vor einer Stellungnahme drücken: „Das Ergebnis wird die Zukunft zeigen."

  Über die Länge der Rede sagt Martin Luther: „Tritt frisch auf! Tus Maul auf! Hör bald auf!"

  Übrigens gilt immer: „Ein guter Schluss ziert alles."

  Über die Vorbereitung der Rede sagt Hamilton: „Ordne deine Gedanken von Anfang an, bevor du an die Worte denkst."

Aufgabe

Formulieren Sie eine Rede über die Notwendigkeit, die Berufsschule zu besuchen. Halten Sie sich an die drei Teile des Vortrags.

1.4 Gliederungen

Situation

Sie haben Stoff gesammelt und Ihren Text leicht verständlich formuliert. Nun stehen Sie vor der entscheidenden Frage, in welcher Reihenfolge Sie Ihre Gedanken vortragen. Die Gliederung ist der kreativste Teil Ihrer Vorbereitung.

Dafür gibt es folgende Möglichkeiten:

Was war?	chronologisch oder sachlogisch	Istzustand
Was ist?		Sollzustand
Was wird sein?		Ziel-Maßnahmen

Themenausarbeitungsbogen

Was	Titel/Untertitel Einstieg/Einleitung Hauptproblem Fragen Test: Ist/Soll
Wann	Zeitpunkt und -dauer
Wie	Regeln Skizze Erklärungen Tipps und Hinweise Zitate Vorschläge Erlebnisse Beispiele Anekdoten Personen
Weshalb	Vor- und Nachteile Nutzen Vergleich: Ist/Soll Verbesserungen
Wozu	Ergebnis Folgerung Zusammenfassung

Überzeugen:
1. Aufmerksamkeit gewinnen
2. Wünsche wecken oder verstärken
3. Zielvorstellungen entwickeln
4. Konsequenzen aufzeigen
5. Zum Handeln auffordern

8-Punkte-Formel:
1. Wohlwollen gewinnen
2. Gegenwärtige Situation darlegen
3. Neue Möglichkeiten zeigen
4. Vorschläge und deren Vorteile darlegen und begründen
5. Einwände vorwegnehmen
6. Tatsachen zusammenfassen
7. Begeistern
8. Zur Tat aufrufen

Beispiel

Winston Churchills Antrittsrede im Unterhaus (Ausschnitt) am 13. Mai 1940 anlässlich seiner Ernennung zum Premierminister

Ich möchte dem Haus dasselbe sagen, was ich den Mitgliedern dieser Regierung gesagt habe: Ich habe nichts zu bieten als Blut, Mühsal, Tränen und Schweiß. Wir haben eine Prüfung allerschwerster Art vor uns. Wir haben viele, viele lange Monate des Kampfes und des Leidens vor uns. Sie werden fragen: Was ist unsere Politik? Ich erwidere: Unsere Politik ist Krieg zu führen, zu Wasser, zu Lande und zur Luft, mit all unserer Macht und mit aller Kraft, die Gott uns verleihen kann: Krieg zu führen gegen eine ungeheuerliche Tyrannei, die in dem finsteren, trübseligen Katalog der menschlichen Verbrechen unübertroffen bleibt. Das ist unsere Politik! Sie fragen: Was ist unser Ziel? Ich kann es mit einem Wort nennen: Sieg – Sieg um jeden Preis, Sieg trotz allem Schrecken, Sieg, wie lang und beschwerlich der Weg dahin auch sein mag; denn ohne Sieg gibt es kein Weiterleben. Möge man darüber im Klaren sein: kein Weiterleben für das britische Weltreich; kein Weiterleben für den jahrhundertelangen Drang und Impuls des Menschengeschlechts, seinem Ziel zuzustreben.

Ich übernehme meine Aufgabe voll Energie und Hoffnung und bin überzeugt, dass es nicht geduldet werden wird, dass unsere Sache Schiffbruch erleide. So fühle ich mich in diesem Augenblick berechtigt, die Hilfe aller zu fordern, und ich rufe: Kommt denn, lasst uns gemeinsam vorwärts schreiten mit vereinter Kraft!

Aufgaben

1 Erstellen Sie zu der berühmten Rede Churchills eine Gliederung.

2 Mit welchen rhetorischen Mitteln fordert Churchill das englische Volk auf, Widerstand zu leisten?

1.5 Vorbereitung – Durchführung – Auswertung

Situation

Ihr Kursleiter sagt heute zu Ihnen: „In einer Woche werden Sie die erste Rede vor der Gruppe halten, die wir mit der Videokamera aufzeichnen."

Bei fast allen Seminarteilnehmern löst diese Aussage zunächst Angst aus, z.B. Angst, stecken zu bleiben, nicht genügend vorbereitet zu sein ... Darüber klagen alle Anfänger. Das hilft aber nichts. Es hilft nur, etwas dagegen zu unternehmen. Was unternehmen Sie zur Vorbereitung Ihrer Rede?

Vorbereitung

Lampenfieber: Motivieren Sie sich selbst. Glauben Sie an sich und Ihren Erfolg – am besten mit den Worten: „Ich muss – ich will – ich kann!"

Danach bereiten Sie sich gründlich vor und üben die Rede systematisch und profihaft ein, am besten mithilfe einer Videoaufzeichnung und eines kritischen Beraters.

Formulieren Sie schriftlich ganz genau:

- das Thema,
- die Fragestellung,
- das Ziel der Rede.

Illustration: Metz & Schütz

Orientieren Sie sich an Ihren Zuhörern und deren **Erwartungen.** Halten Sie z.B. einen ernsten, wissenschaftlichen Vortrag vor Akademikern oder werden Sie von einer Gruppe heiterer Jugendlicher erwartet? Sie informieren sich also über folgende Aspekte:

Alter, Vorinformationen und Erwartungen der Teilnehmer und Veranstalter.

Welche Vorträge gehen voraus und welche werden folgen?

Wie viele Zuhörer sind zu erwarten und welchen Nutzen sollen sie daraus ziehen?

Machen Sie sich mit dem Raum und den technischen Hilfsmitteln (Projektor, Leinwand, Mikrofon) vertraut.

Entscheiden Sie, ob nach Ihrem Vortrag ein Gespräch, eine Diskussion, eine Referentenbefragung oder eine Übung folgt.

Erstellen Sie sich eine **Stoffsammlung** in Stichworten. Notieren Sie sich in Ruhe alles, was Ihnen zum Thema einfällt: Ideen, Erlebnisse, Gelesenes, Gehörtes, Heiteres ... Ergänzen Sie es durch systematisches Literaturstudium: Lexika, Bücher, Fachzeitschriften, Zeitungen, Internet. In dieser Zeit nehmen Sie immer Notizpapier mit: Oft kommen die besten Ideen ganz unerwartet.

Gliedern Sie Ihren Stoff. Beispiele hierzu finden Sie im Kapitel 1.4. Ordnen Sie systematisch Ihren Gedankengang nach einer der vorgeschlagenen Methoden. Ergänzen Sie hierzu Zitate, Beispiele, Erlebnisse, Heiteres.

Begrüßen Sie die Veranstalter und Zuhörer. Sagen Sie etwas Nettes über sie und danken Sie für die Einladung.

Suchen Sie eine motivierende Einleitung. Besonders wertvoll ist es, die Zuhörer aktiv mit einzubeziehen, z. B. durch Fragen. Gehen Sie kurz auf die Antworten ein. Lassen Sie sich Fragen stellen, auf die Sie eingehen.

Finden Sie Unterpunkte, wenn Sie Ihre Gliederung weiter unterteilen wollen. Beschränken Sie sich möglichst auf maximal fünf Hauptpunkte.

Überlegen Sie sich einen klaren, heiteren Schluss.

Bedanken Sie sich für die Aufmerksamkeit, die Zwischenfragen, die Beiträge.

Schreiben Sie den Redetext genau und in kurzen Sätzen, einschließlich Zitaten mit Quellenangaben. Dies gilt auch für Einblendungen auf Folien und das Benutzen von Flipcharts. Lassen Sie zwischen den Zeilen viel Platz für Ergänzungen und Änderungen. Die Reinschrift muss groß und leicht leserlich sein.

Achten Sie dabei besonders auf die Formulierung der ersten fünf Sätze. Sie sind wichtiger als die nächsten 100: Die Zuhörer entscheiden schon in den ersten Minuten, ob es sich lohnt, weiter zuzuhören. Beginnen Sie darum mit einer Frage, einem Zitat, einem aktuellen Erlebnis, einer heiteren Geschichte, die auf die Zuhörer entspannend wirkt.

Erstellen Sie Ihre **visuellen Hilfsmittel.** „Ein Bild sagt mehr als tausend Worte" (Pestalozzi). Darum nutzen Sie das Aufnahmepotenzial des Auges; es sind 87 % der Informationen – beim Ohr nur 9 %. Erstellen Sie z. B. Zeichnungen, Grafiken, Bilder oder die Entwicklung in Kurven.

Schreiben Sie Ihre Hauptpunkte gut leserlich auf ein Flipchart. Sie erleichtern dadurch den Zuhörern die Übersicht. Zu Beginn Ihres Vortrags nennen Sie diese Punkte und bitten die Zuhörer, diese „Tagesordnung" zu genehmigen. Bitte achten Sie aber darauf, dass die Menge und die Dauer der eingesetzten Hilfsmittel im Verhältnis zur Rede stehen.

Illustration: Metz & Schütz

Entspannt einstudieren: Lernen Sie Ihre Rede nie auswendig, es sei denn den ersten und letzen Satz. Auswendig gelernte Reden machen Sie unflexibel. Sie können dadurch nur sehr schwer auf Zwischenfragen oder Einwände eingehen. Außerdem fühlen die Zuhörer, dass Sie ein „Fertigprodukt" anbieten. Das mindert den persönlichen Bezug sowie die Spannung und die Aufmerksamkeit, denn die Hörer merken sehr deutlich, ob der Redner engagiert ist: Etwas Lampenfieber gibt der Rede emotionale Spannkraft.

Zur guten Vorbereitung gehört, dass Sie die gesamte Rede in Ruhe durchgehen. Sie prägen sich die logischen Hauptpunkte ein und haben damit den „roten Faden" aufgenommen. Sehr hilfreich ist es, wenn Sie sich die Überschriften bildhaft einprägen, wie Sie sie aufgeschrieben haben.

Durchführung

Der erste Eindruck spielt eine entscheidende Rolle. Darum treten Sie sicher, aber bescheiden auf. Das bringt Sympathie und veranlasst die Zuhörer zu einer Ermutigung.

Sehen Sie alle Zuhörer abwechselnd an. Bevorzugen Sie keinen, es sei denn, er hat für die jeweilige Aussage eine besondere Bedeutung.

Nehmen Sie eine verbindliche Körperhaltung ein. Der Oberkörper kann dabei leicht nach vorn geneigt sein.

Stehen Sie frei. Verstecken Sie Ihre Hände nicht in den Taschen oder hinter Ihrem Rücken. Halten Sie sich nicht irgendwo fest, z. B. am Rednerpult.

Verzichten Sie möglichst auf dieses Pult: Es wirkt gegenüber den Zuhörern wie eine Mauer.

Freuen Sie sich über Zwischenrufe. Beziehen Sie diese in Ihre Rede mit ein, unqualifizierte überhören Sie am besten. Zwischenrufe und -fragen signalisieren Interesse.

Achten Sie auf die Reaktion Ihrer Zuhörer. Als Redner können Sie nur erfolgreich sein, wenn Sie mit dem Publikum auf einer Wellenlänge schwimmen. Dazu ist ein ständiger Blickkontakt erforderlich. Schweift der Blick eines Zuhörers gelangweilt aus dem Fenster und kramt eine Dame in ihrer Handtasche, dann sind das Alarmzeichen. Gehen Sie möglichst rasch darauf ein:

- Kürzen Sie z. B. Ihren Text.
- Stellen Sie eine Frage zum Thema.
- Fragen Sie nach dem besonderen Interesse des Publikums zum Thema.
- In der allergrößten Not beenden Sie lieber die Rede früher als geplant.
- Besser ist Ihr Abgang, wenn Sie die Ergebnisse kurz zusammenfassen und wie geplant abschließen. Voraussetzung dafür ist allerdings, dass Sie die Reaktionen rechtzeitig bemerken und umgehend darauf reagieren.

Ein guter Witz schließt mit dem Höhepunkt, der Pointe. Das gilt auch für die Rede. Der erste Satz muss motivieren. Den Schlusssatz nehmen die Zuhörer mit nach Hause. Darum müssen Sie ihn besonders sorgfältig formulieren und dürfen ihn, wie den ersten Satz, auswendig lernen.

Schließen Sie bitte nie mit der Floskel: „Das wär's", das heißt: „Ich weiß nichts mehr."

Vergessen Sie nie den Dank und die höfliche Verabschiedung Ihrer Zuhörer und Veranstalter.

Bei einem überschaubaren Hörerkreis sollten Sie sich per Handschlag verabschieden und möglichst Ihre Bereitschaft zur Beantwortung persönlicher Fragen zeigen.

Auswertung

Analysieren Sie nach der Veranstaltung möglichst bald deren positiven und negativen Aspekte. Wertvoll ist dabei die Hilfe eines kritischen Teilnehmers, der die Rede nicht von Ihrer Seite als Sender, sondern von der Empfängerseite erlebt hat.

Illustration: Roland Bühs/CCC

Aufgabe

Formulieren Sie ein Thema mit einer Frage und erstellen Sie dazu eine Gliederung. Folgende Stichwörter sollen Ihnen dabei helfen:

Asylantenproblematik
Eigentumswohnung
Umweltschutz
Tierversuche
Kirchensteuer
Rauchen am Arbeitsplatz
Sparen
Arbeitslosigkeit
Gewalt

Aufgaben

Bei der Jahrestagung des Hotel- und Gaststättenverbandes sollen Sie als Vertreter des örtlichen Fremdenverkehrsverbandes eine Rede über die Lage des Reisens in Deutschland halten. Nehmen Sie zu der Problematik Stellung, wie die Reiselust und der Aufenthalt in kleinen Hotels belebt werden kann.

Verfassen Sie einen kurzen, präzisen Redetext.

Schreiben Sie vorher dazu den Stichwortzettel als Gliederung.

Folgende Aufgaben sollen in Ihrer Rede bearbeitet werden:

1 Überlegen Sie, welche Bedeutung das Reisen für Sie selbst hat.

2 Nennen Sie Gründe für die Reiselust.

3 Fassen Sie Ihre Aussagen zusammen und nehmen Sie dazu Stellung.

1.6 Sprachliche Aspekte

Situation

„Meines Erachtens würde ich sagen, dass ich persönlich zum gegenwärtigen Zeitpunkt ...“ Sie kennen diese Ungetüme überflüssiger Floskeln. Manche Politiker sind groß darin, viel zu reden und wenig zu sagen.

Illustration aus: Tange, E.G. Der boshafte Zitatenschatz. Frankfurt/Main 1993, S. 351

> ***„Eine Sprache mit Geschick zu handhaben, heißt eine Art Beschwörungszauber treiben.“***
>
> ***Baudelaire***

Tipps

Schreiben Sie sich ruhig den fertigen Redetext auf, aber formulieren Sie möglichst frei: Ihre Rede wirkt lebendiger, und Sie wirken souveräner.

Achten Sie bei Ihrem Sprechtempo darauf, dass Sie weder den Text zu schnell noch zu langsam sprechen. Legen Sie kleine Pausen bei Kommata, Punkten und anderen Satzzeichen ein.

Sie sollten Ihre Lautstärke so einrichten, dass Sie der Hörer in der letzten Reihe noch verstehen kann.

Denken Sie an natürliche Aussprache, an die Modulation der Stimme in Höhe, Melodie und Betonung.

Fremdwörter

Verwenden Sie nur dann Fremdwörter, wenn es keinen treffenden deutschen Begriff gibt. Sie haben es nicht nötig, sich mit fremden Federn zu schmücken.

Welch einen herrlichen Blödsinn hat sich Philipp Broughton vom Gesundheitsdienst der USA ausgedacht:

Sein „automatisches Schnellformuliersystem“ stützt sich auf eine Liste von dreißig sorgfältig ausgesuchten Schlüsselwörtern:

Spalte 1	Spalte 2	Spalte 3
0. konzertierte	0. Führungs-	0. -struktur
1. integrierte	1. Organisations-	1. -flexibilität
2. permanente	2. Identifikations-	2. -ebene
3. systematisierte	3. Drittgenerations-	3. -tendenz
4. progressive	4. Koalitions-	4. -programmierung
5. funktionelle	5. Fluktuations-	5. -konzeption
6. orientierte	6. Übergangs-	6. -phase
7. synchrone	7. Wachstums-	7. -potenz
8. qualifizierte	8. Aktions-	8. -problematik
9. ambivalente	9. Interpretations-	9. -kontingenz

Die Handhabung ist einfach. Denken Sie sich eine beliebige dreistellige Zahl und suchen Sie die entsprechenden Wörter in jeder Spalte auf. Die Nummer 257 zum Beispiel ergibt „permanente Fluktuationspotenz“, ein Ausdruck, der praktisch jedem Bericht eine entschiedene, von Fachwissen geprägte Autorität verleiht. „Keiner wird im Entferntesten wissen, wovon Sie reden“, sagt Broughton!

Aufgabe

Stellen Sie fünf Ausdrücke aus der obigen Tabelle zusammen und versuchen Sie, die gewählten Begriffe zu erklären.

Vermeiden Sie den Gebrauch komplizierter Fremdwörter.

Worthülsen

Worthülsen sind genauso schädlich wie die „Fremdwörterei“. Schmunzeln Sie über die folgenden typischen Beispiele:

Ich würde sagen ...
... sagen Sie einfach, was Sie sagen wollen.

Ich würde vorschlagen ...
... mein Vorschlag:

Ich hätte da eine Frage ...
... fragen Sie einfach.

Meine Wenigkeit ...
... ich, wer sonst?

Wenn ich ehrlich sein soll ...
... streichen – oder sind Sie etwa nicht ehrlich?

Sie müssen doch zugeben, dass ...
... streichen – kein Mensch lässt sich zwingen.

Ich **versuche** Ihnen zu sagen ...
... versuchen Sie es nicht nur; tun Sie es.

Ich habe **irgendwo** das Gefühl ...
... streichen – Ortsangabe ist überflüssig.

Ich wollte **eigentlich** sagen ...
... streichen – sagen Sie es, wenn Sie es wollen.

Morgen werde ich **möglicherweise** kommen.
... aussagelos – möglich ist alles.
besser: Ich werde kommen, wenn ...

Wir sollten jetzt **vielleicht** ...
... ich schlage vor.

Dazu **wäre** zu sagen ...
... „Ich sag's aber nicht, ätsch!" – Sagen Sie es!

Ich **versuche** eine Rede zu halten ...
... Sie versuchen es nicht nur, Sie halten eine! Fraglich ist nur, was sie wert ist.

Ich **glaube** ...
... ich weiß – ich habe gelesen, gehört, gesehen ..., ich vermute, nehme an ...

Wie **man** weiß ...
... „man" ist zu ungenau: Niemand weiß, wer etwas weiß, ... ich weiß, wir, alle ...

Ein bekannter Politiker sagte einmal: „Ich **würde zu denken glauben** ..."

Dialekt

Dialekt ist für manche Deutsche ein wertvolles Kulturgut. Andere möchten ihn mit Stumpf und Stiel ausrotten. Schiller hat zeitlebens geschwäbelt – Goethe reimt im „Mailied" „Zweich" auf „Gesträuch". Auch hier gilt: Den Extremisten keine Chance. Der Hörer muss die Aussage verstehen. Eine Studentin sagte im Seminar „Das han I do naa doo." Sie meinte: „Das habe ich hier hingelegt." Wie soll das jemand aus Hamburg verstehen?

Freuen Sie sich an der folgenden typischen Episode:

A: Welchen Beruf haben Sie denn?

B: Sag ich nich.

A: Was machen Sie denn z. B.?

B: Breedchen.

A: Sagen Sie doch, dass Sie Bäcker sind.

B: Bin ich nich, ich bin Pastor.

Noch mehr Tipps

Schaffen Sie möglichst viele **positive Kontakte.** Sprechen Sie jeden Teilnehmer direkt an: „Sie wollten sagen ...", möglichst mit Namen (Namensschild).

- Stellen Sie Fragen.
- Loben Sie jeden guten Beitrag.
- Lassen Sie die Zuhörer möglichst viel sprechen.
- Gehen Sie auf Fragen der Hörer ein. Möchten Sie antworten, dann verweisen Sie auf die Aussprache nach der Rede. Übergehen Sie keine Frage, aber lassen Sie sich nicht vom roten Faden Ihrer Rede abbringen.

Seien Sie **glaubhaft,** ehrlich, bescheiden. Es ist besser, nicht zu sprechen, als den Eindruck zu hinterlassen, dass Sie die Unwahrheit sagen.

Über- und untertreiben Sie nicht: „Wir haben keine Kosten und Mühe gescheut ...", „Mit meinen bescheidenen Mitteln werde ich versuchen, Ihnen als sachverständiges Publikum ..." Beides können Sie nur heiter – ironisch sagen.

Würzen Sie Ihre Rede mit **Humor.** Aber ein Witz darf nie auf Kosten eines Teilnehmers gehen. Eine Gruppe, die lacht, kann Ihnen nicht böse sein, denn Lachen ist die schönste Art, anderen die Zähne zu zeigen.

Sprechen Sie **anschaulich,** also in Bildern, Beispielen, Vergleichen, Zitaten, in konkreten Begriffen, d. h. so, dass die Hörer zu sehen glauben; z. B. „Die Axt im Haus erspart den Zimmermann" (Schiller).

Trainieren Sie Ihr **Sprechdenken.** Eine der wichtigsten Übungen in der Rhetorik ist die unmittelbare Anwendung des Denkens beim Sprechen. Beim Sprechgedanken muss der Redner sich die Fähigkeit aneignen, spontan Themen aufzugreifen und darüber zu sprechen. Spontane rhetorische Äußerungen sind bei jeder mündlichen Prüfung nötig, bei Konferenzen, Verkaufsgesprächen ... Sie beginnen am besten mit einfachen Themen wie „Meine Heimatstadt" oder „Mein Beruf".

Bilden Sie möglichst kurze Sätze (ein Satz ein Gedanke). Das erleichtert wesentlich die Aufnahmefähigkeit, denn Hörer können den Satz nicht wiederholen, den sie nicht verstanden haben. Beim Lesen ist das anders.

Vergessen Sie die **Pausen** nicht, z. B. nach einem Abschnitt, nach einer wichtigen Aussage, bei Unruhe oder Unaufmerksamkeit der Hörer.

Wiederholen Sie die entscheidenden Formulierungen. Im gedruckten Text ist die Wiederholung schädlich – im gesprochenen nützlich, nach Möglichkeit in wechselnden Wendungen. Napoleon meint: „Es gibt nur eine Redefigur: die Wiederholung."

Vermeiden Sie rhetorische **Fehlleistungen,** z. B. „äh". Sie entstehen bei Gedankenlücken. Lassen Sie lieber eine kurze Pause. Versprecher sollten Sie kurz mit „Entschuldigung" sofort korrigieren, z.B. „Leute" statt „heute".

Trainieren Sie Ihre **Atmung.** Die meisten Menschen verfügen nur über die Brust-, also die unwillkürliche Atmung. Diese Luft reicht nicht, und das führt zur physischen und psychischen Beklemmung. Durch gezieltes Training der Bauchatmung erhalten Sie mehr Luft: 1. tief ausatmen, indem Sie den Bauch einziehen, 2. Pause, 3. tief einatmen, indem Sie den Bauch vorwölben.

Denken Sie unbedingt daran: Sie dürfen über viel reden, aber nicht über Ihre **Redezeit** hinaus – und schon gar nicht über 40 Minuten, bei ungeübten Hörern höchstens 20 Minuten.

Illustration:
Peter Gaymann/Cartoon Concept

Stellen Sie Fragen

Sie können Ihre Zuhörer mit Fragen zu Aktivitäten anregen. Es gibt mehrere Möglichkeiten:

offene Fragen:	Die Gefragten sind in ihrer Antwort völlig frei.
geschlossene Fragen:	Sie können nur mit Ja oder Nein beantwortet werden.
alternative Fragen:	Mehrere Antwortmöglichkeiten sind vorhanden, Zuhörer müssen sich für eine entscheiden.
rhetorische Fragen:	Erwarten keine Antworten bzw. Redner geben sie selbst.
manipulative Fragen:	Gesteuerte Fragen, die die Richtung der Antwort bestimmen.
Kontrollfragen:	Überprüfen die Verständlichkeit des bereits Gesagten.
provokative Fragen:	Fragen fordern Antworten heraus.

Einzelheiten zur Bewertung von Fragen erfahren Sie im Teil „Gespräch" unter 2.16 „Fragetechnik als Führungsmittel".

Rhetorische Stilmittel

Wiederholung:	Verdoppelung eines Wortes oder einer Wortgruppe: „Niemals, niemals würde ich ..."
Allusion:	Gedankliche oder wörtliche Anspielung: Leder statt Ball.
Ironie:	Kritische Aussage durch die gemeinte Aussage des wörtlich Gesagten: „Schönes Wetter!" Bei sehr schlechtem Wetter.
Paradox:	Scheinbarer Widerspruch der miteinander verbundenen Begriffe: „Die ganz in Weiß spielenden ‚Blauen'."
Vergleich:	Hervorheben einer gemeinsamen Eigenschaft von zwei Wörtern: „Er ist so stark wie ein Löwe".
Allegorie:	Verbildlichung eines Begriffes: Tod als Sensenmann.
Hyperbel:	Sprachliche Übertreibung: eine Ewigkeit warten.
Metapher:	Übertragener Ausdruck auf etwas Abstraktes: Haupt der Familie = Vater.

Reaktion auf Zwischenrufe

Sie haben bei Störern mehrere Möglichkeiten zu reagieren:

- Beantworten Sie die Frage.
- Sie weichen der Antwort aus.
  - Weisen Sie darauf hin, dass Sie zu dieser Frage bereits Stellung genommen haben.
  - Versprechen Sie, dass Sie im Verlauf der Rede noch auf das angesprochene Problem zu sprechen kommen.
  - Bestreiten Sie die behauptete „Tatsache".
  - Antworten Sie mit einer Gegenfrage.

Faden verloren – was tun?

Fassen Sie den letzten Abschnitt nochmals zusammen.

Wechseln Sie das Thema.

Machen Sie eine Kaffeepause.

Stellen Sie Fragen an die Zuhörer.

Erzählen Sie einen Gag.

Sagen Sie ehrlich, dass Sie den Faden verloren haben.

Verständlichkeit

Unter diesem Stichwort fasst der Hamburger Sprachpsychologe Schulz von Thun die wichtigsten vier Merkmale einer Aussage zusammen und stellt die Alternativen gegenüber.

Einfach – kurze Sätze – bekannte Wörter – Fachwörter erklären – anschauliche Sprache	**Kompliziert** „Mein Name, welcher sich als kontradiktorischer Gegensatz zu dem soeben vorgestellten Gegenpol ergibt, subsumiert all jene stilistischen Charakteristika, die die Rezeption auf der Wort- und Satzebene behindern, wobei extrem verschachtelte Satzkonstruktionen ebenso wie die multiple Verwendung von Fremd-, Fach- und sonst wie esoterischen Wörtern zu einem (nicht selten auch Prestigezwecken dienenden) hoch elaborierten Sprachmuster auf meist hohem Abstraktionsniveau beitragen."
Gegliedert a) äußere Ordnung: Absätze mit Überschriften Unser Thema hat 3 Teile: 1. Ursachen 2. Ziele 3. Mittel und Wege b) innere Ordnung: logischer Zusammenhang	**Unübersichtlich** Aussagen stehen beziehungslos nebeneinander. Der Hörer versteht den Zusammenhang und damit den Sinn nicht.

Kurz	Weitschweifigkeit
viel Information mit wenig Worten, nur das Wichtigste	„Gestatten, dass ich mich Ihnen vorstelle: Mein Name ist ‚Weitschweifigkeit'. Mit meinem Namen sind Eigenschaften, also diejenigen Merkmale, an denen man mich erkennen kann, schon angedeutet: Ich liebe es, viele Worte zu machen, oder anders herum ausgedrückt: Ich hasse es, mich kurz zu fassen. Ich benutze also zwei Möglichkeiten, weitschweifig zu sein: einmal die sprachliche Weitschweifigkeit (ein und dasselbe mit verschiedenen Worten wiederholen und ‚breittreten') und zum anderen die inhaltliche Weitschweifigkeit (auf Nebensächliches kommen, weit ausholen und alles sehr ausführlich bringen)."
Stimulierend Erlebnisse Beispiele direkte Anrede Vergleiche wörtliche Rede Fragesätze sprachliche Bilder: z. B. „Unsere Fantasie kann ein Käfig oder eine Brücke sein."	**Emotionslos** Verzicht auf alles, was die Aussage interessant macht. Ich spreche unpersönlich mit „man würde; vielleicht ..."

Beispiel zur Verständlichkeit: Was ist Raub?

Einfach	Kompliziert
„Jemand nimmt einem anderen etwas weg. Er will es behalten. Aber es gehört ihm nicht. Beim Wegnehmen wendet er Gewalt an oder droht dem anderen, dass er ihm etwas Schlimmes antun werde. Dieses Verbrechen heißt Raub."	„Raub ist dasjenige Delikt, das jemand durch Entwendung eines ihm nicht gehörenden Gegenstandes unter Anwendung von Gewalt oder Drohungen gegenüber einer anderen Person begeht, sofern die Intention der rechtswidrigen Aneignung besteht."
Gegliedert „Raub ist ein Verbrechen: Jemand nimmt einem anderen etwas weg, was ihm nicht gehört. Er will es behalten. Dabei wendet er Gewalt an oder droht dem anderen etwas Schlimmes an. Drei Dinge sind wichtig: 1. etwas wegnehmen, was einem nicht gehört 2. es behalten wollen 3. Gewalt oder Drohung Beispiel: Ein Bankräuber droht dem Angestellten mit der Pistole und nimmt sich das Geld."	**Ungeordnet** „Jemand wendet gegen einen anderen Gewalt an. Das ist Raub, es gehört ihm nämlich nicht. Er will es für sich behalten, was er ihm wegnimmt. Zum Beispiel ein Bankräuber, der dem Angestellten mit der Pistole droht.

Kurz-prägnant „Ein Verbrechen. Wer einem anderen etwas wegnimmt, was ihm nicht gehört, um es zu behalten, begeht Raub. Hinzukommen muss, dass er dabei Gewalt anwendet gegen den anderen oder ihn bedroht."	**Weitschweifig** „Ja Raub, das darf man nicht machen. Raub ist ein verbotenes Verbrechen. Man darf es nicht mit Diebstahl verwechseln. Diebstahl ist zwar auch ein Verbrechen, aber Raub ist doch noch etwas anderes. Angenommen, jemand raubt etwas. Was heißt das? Das heißt: Er nimmt einem anderen etwas weg, was ihm nicht gehört, um es für sich zu behalten. Das ist natürlich nicht erlaubt. Jetzt muss aber noch etwas hinzukommen: Während der Verbrecher die Sache wegnimmt, wendet er Gewalt an gegenüber den anderen, zum Beispiel: Er wirft ihn einfach zu Boden – oder er schlägt ihn bewusstlos, dass er sich nicht mehr wehren kann. Es kann aber auch sein, dass er nur droht, dem anderen etwas anzutun. Auch dann ist es Raub, und der Mann (oder die Frau) wird wegen Raubes bestraft."
Anregend „Nimm an, du hast keinen Pfennig Geld in der Tasche. Aber was ist das? Da geht eine alte Dame mit ihrer Handtasche über die Straße. Du überlegst nicht lange: Ein kräftiger Schlag auf den Arm und schon bist du mit der Tasche auf und davon. ‚Haltet den Dieb!' ruft die Dame, weil sie es nicht besser weiß. Richtiger müsste sie rufen: ‚Haltet den Räuber!', denn wenn man dabei Gewalt anwendet oder Drohungen ausstößt, dann ist es Raub. Und wie endet die Geschichte? Nun, meistens endet sie im Knast."	**Nichtanregend** „Jemand nimmt einem anderen etwas weg. Er will es behalten, obwohl es ihm nicht gehört. Beim Wegnehmen wendet er Gewalt an oder er droht dem anderen, dass er ihm etwas Schlimmes antun werde. Dieses Verhalten (Wegnehmen mit Gewalt oder Drohung) heißt Raub und wird mit Gefängnis oder Zuchthaus bestraft."

Aufgaben

1 Verbessern Sie zum Kapitel „Verständlichkeit" den komplizierten Satz zum 1. Merkmal „Einfach".

2 Kürzen Sie zum 3. Aspekt den „weitschweifigen" Satz auf das unbedingt Notwendige.

3 Formulieren Sie zum 4. Aspekt „Kurz" mindestens drei stimulierende Sätze.

1.7 Körpersprache

Situation

Sie entnehmen der Zeichnung zwei Informationen, die sich widersprechen. Sie lesen (bzw. hören) eine Botschaft und Sie sehen, was dieser Herr durch sein Verhalten ausdrückt. Ich bin sicher, Sie glauben das, was Sie sehen. Wenn wir etwas sehen und etwas anderes hören, dann glauben wir das Gesehene. Hier wird deutlich, welche Bedeutung Ihre Körpersprache hat.

Sie erkennen auch, wie wichtig es ist, die Verhaltensweisen Ihrer Gesprächspartner bewusst wahrzunehmen und daran die Glaubwürdigkeit der gesprochenen Worte zu messen.

Wir senden durch unser Verhalten ständig Signale und machen z. B. beim Vorstellungs- oder Verkaufsgespräch innerhalb von maximal 30 Sekunden einen „ersten Eindruck". Wir geben Informationen, ohne dass wir das verhindern können. Wir können es aber beeinflussen, indem wir unser Verhalten ändern.

Blickkontakt

Die wichtigste Sprache ist der Blickkontakt. Wir nehmen mit den Augen zu bestimmten Personen einen ganz bestimmten Kontakt auf, z. B. beim Flirten. Wir meiden diesen Kontakt zu anderen, indem wir sie nicht anschauen.

Das geschieht meistens unbewusst und ist darum so wichtig und aussagekräftig, weil dadurch kaum manipuliert werden kann. Wir schauen z. B. einen Gesprächspartner an, nacheinander alle oder zum Fenster hinaus. Wir blicken freundlich, liebevoll oder grimmig, kalt, ablehnend, interessiert oder gelangweilt, desinteressiert ... Viel schlimmer ist es, wenn wir einen wichtigen Gesprächspartner übersehen. Werden Sie übersehen, dann nicken Sie zustimmend und machen ab und zu eine positive Bemerkung. Beobachten Sie genau die Reaktion.

Mimik

Die Mimik ergänzt den Blick. Lernen Sie, mit dem Gesicht zu sprechen. Lächeln ist wichtig, genügt aber nicht: Sie ziehen die Augenbrauen hoch, strahlen jemand an, ziehen die Mundwinkel hoch, legen die Stirn in Falten, pressen die Lippen aufeinander oder gähnen gar. Auch die Kopfhaltung ist ein wichtiges mimisches Mittel. Signalisieren Sie Interesse, indem Sie Ihren Kopf anheben. Begleiten sie auffordernde Aussagen durch Kopfbewegungen oder lassen Sie Zweifel aufkommen, indem Sie Ihren Kopf seitlich hin und her bewegen.

Gestik

Nach unseren Erfahrungen in Rhetorikseminaren lässt sich die Gestik relativ leicht erlernen und wirkungsvoll einsetzen. Allerdings ist ein Training erforderlich, das sich sicher lohnt. Hier können nur einige Hinweise gegeben werden:

Ausgangsstellung ist immer die natürliche Haltung, in der Ihre Arme und Hände hängen oder leicht angewinkelt sind.

Mit offenen Händen – und Handflächen nach oben – geben Sie positive Signale: einladend, auffordernd. Wenn Sie die Handflächen zum Publikum und nach unten richten, dann wirkt das negativ, herabsetzend, Distanz schaffend.

Abzulehnen ist auch, wenn Sie mit der Hand wie mit einer Pistole schießen oder mit ausgestrecktem Zeigefinger auf den Hörer/Zuschauer wie mit einer Lanze stoßen. Eindeutig ist, wenn Sie eine Faust ballen oder mit dem Daumen nach oben oder unten zeigen.

Bedenklich sind die Selbstkontaktgesten, wenn Sie sich also an Ohr, Nase, Gurgel fassen oder gar die Augen bzw. den Mund verdecken.

Wollen Sie Ihr Wissen erfolgreich weitergeben, dann empfehlen wir, dass Sie sich die aussagekräftige Gestik dieses Herrn zum Vorbild nehmen:

Fotos: Guido Adolphs; Text: Quelle unbekannt

Körpersignale

Abschließend weisen wir noch auf folgende Körpersignale hin. Bitte prüfen Sie, ob Sie so wirken wollen – oder so:

Körperhaltung: aufrecht, verkrampft, lässig, bescheiden leicht nach vorn gebeugt oder arrogant – mit hoch erhobener Nase.

Bewegung des Körpers: steif stehend, umherlaufend, unruhig.

Festhalten am Pult wirkt starr, tot, Hilfe suchend, unsicher.

Kopfnicken oder -schütteln ist eindeutig.

Wenn Sie die Beine übereinander schlagen oder die Arme vor der Brust verschränken, dann nehmen das die Teilnehmer als Ablehnung wahr.

Sie fesseln sich selbst und verhindern eine Aussage durch Gestik, indem Sie die Hände in die Taschen stecken, sich vorn oder hinten festhalten oder eine betende Haltung einnehmen.

Für alle Körpersignale gilt, dass sie als Ganzheit gesendet und gedeutet werden. Stimmen sie in sich und mit der Sprache überein, dann wirken sie bestätigend. Klafft ein Widerspruch, dann wirkt das wie das Aufdecken einer Unwahrheit.

Ein Ferngespräch kann z. B. so aussehen:

mit Untergebenen

mit Gleichgestellten

mit Vorgesetzten

Aufgaben

1 Mit wem sollten Sie Blickkontakt aufnehmen?
2 Wie können Sie Blickkontakt mit einem großen Publikum aufnehmen?
3 Als was wird fehlender Blickkontakt meistens gedeutet?
4 Was können Sie durch Blickkontakt erreichen?
5 In welchem Verhältnis steht die Gestik zu dem Gesagten?
6 Welche weiteren Aussagemöglichkeiten beinhaltet die Gestik?
7 Welche Körpersignale wirken positiv auf ein Publikum?
8 Mit welcher Körpersprache können Sie am differenziertesten Aussagen machen?
9 Begründen Sie Ihr Urteil über die Person am Anfang dieses Kapitels mit genauen Beobachtungen.

Einsatz der Körpersprache – Redeübung

Ich habe einen Freund / der ist so groß wie ein Baum /
mit Schultern so breit wie ein Kleiderschrank /
der baut begeistert Flugzeugmodelle /
kleine / mittlere / und große.

Des Sonntags nimmt er seine Kinder bei der Hand / seine Modelle unter den Arm /
und geht hinaus vor die Stadt. Dort lässt er seine Flugzeuge steigen.
Die kleinen heben leicht vom Boden ab / machen einen Hupfer und setzen wieder auf /
die mittleren steigen schräg hoch / wenden ein paarmal / und gleiten elegant zur Erde zurück /
die großen / rasanten / steigen steil hoch / kreisen in der Luft /
stürzen zur Erde zurück / und zerschellen.

Das ist bitter / sehr bitter.
Aber mein Freund macht sich nichts daraus /
er sammelt die Trümmer wieder auf /
nimmt seine Kinder bei der Hand / und geht nach Hause.
Dort baut er neue / viel schönere Flugzeugmodelle.

Aufgaben

1 Halten Sie diese Rede vor der Videokamera.
Zeigen Sie zu jeder Aussage eine Geste.
Sie können möglichst heiter den Inhalt beliebig verändern.

2 Bereiten Sie eine Rede vor:
Bestimmen Sie das Thema, die darin enthaltene Fragestellung, das Ziel und die Textgruppe der Rede.
Sammeln Sie Stichwörter, Beispiele, Zitate ...
Erstellen Sie die Gliederung und den Redetext.
Tragen Sie die Rede vor, und setzen Sie Körpersprache ein.

Illustration: Hans Traxler / CCC

1.8 Medien

Situation

Sie sitzen abends gemütlich in Ihrem Wohnzimmer. Schalten Sie meistens den Fernseher ein oder das Radio? … Greifen Sie im Wartezimmer des Arztes eher zur Illustrierte oder zur Zeitung? So wie Ihnen geht es den meisten Menschen: Sie möchten nicht nur etwas hören oder lesen – Sie wollen etwas sehen.

Das Gleiche gilt auch in der Rhetorik: Der Redner sollte darum möglichst häufig Medien einsetzen, um Interesse zu wecken und die Behaltensquote zu erhöhen.

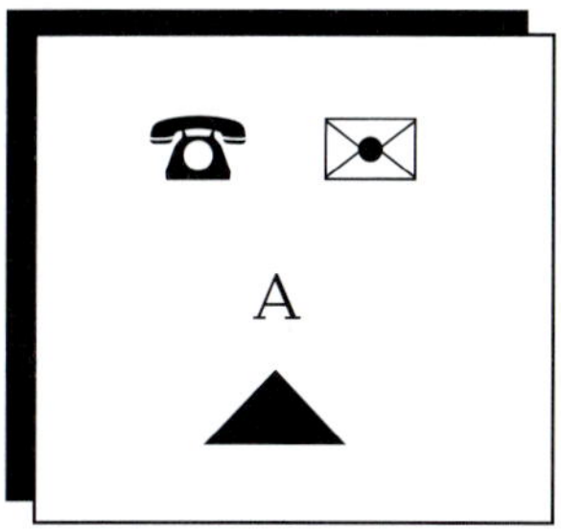

Wir erkennen ein Gesicht, obwohl die Form der Gesichtselemente nicht modelliert wird.

(Quelle: M. Schuster/B. Woschek: Nonverbale Kommunikation durch Bilder. Stuttgart 1989, S. 7)

Definition und Ziele

Wir verstehen unter Medien alle sicht- und hörbaren Hilfsmittel, die dazu dienen, Informationen und Meinungen zu transportieren. Wir streben damit folgende Ziele an:

Konkretes soll sichtbar dargestellt werden. Das steigert die Behaltensquote.

Lernen wird interessanter. Das wirkt motivierend.

Mithilfe der Medien sparen wir viel Zeit.

„Ein Bild sagt mehr als tausend Worte", denn „Anschauung ist das Fundament aller Erkenntnis" (Pestalozzi). Wenn Sie schreiben, dann sollten Sie Ihre Worte mit Bildern, Grafiken und Diagrammen sichtbar machen. Halten Sie einen Vortrag, dann belegen Sie Ihre Aussagen möglichst mit Bildern. Das Gleiche gilt auch bei Konferenzen. Sie benutzen z. B. Tageslichtprojektor, Wandtafel, Dias, Episkop, aber auch Arbeitsblätter, Konferenzunterlagen, Muster und Prospekte.

Didaktische Funktion

- Zuhörer hören motivierter zu.
- Informationsaufnahme wird erleichtert.
- Verständlichkeit der Botschaft wird erhöht.
- Systematische Struktur des Inhalts wird verständlicher.

Hierzu können Sie z. B. über den Projektor ein Bild zeigen oder die Erwartungen der Teilnehmer erfragen und diese mit Metaplan bzw. Wandzeitung festhalten.

Einsatz

Entwicklungen in **Kurven** zeigen

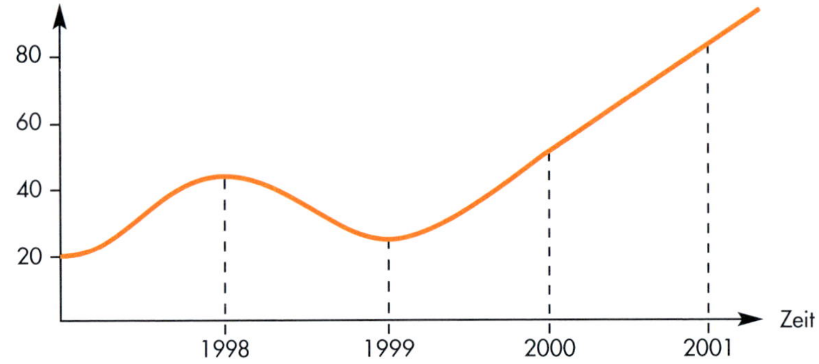

Zusammenhänge **grafisch** darstellen

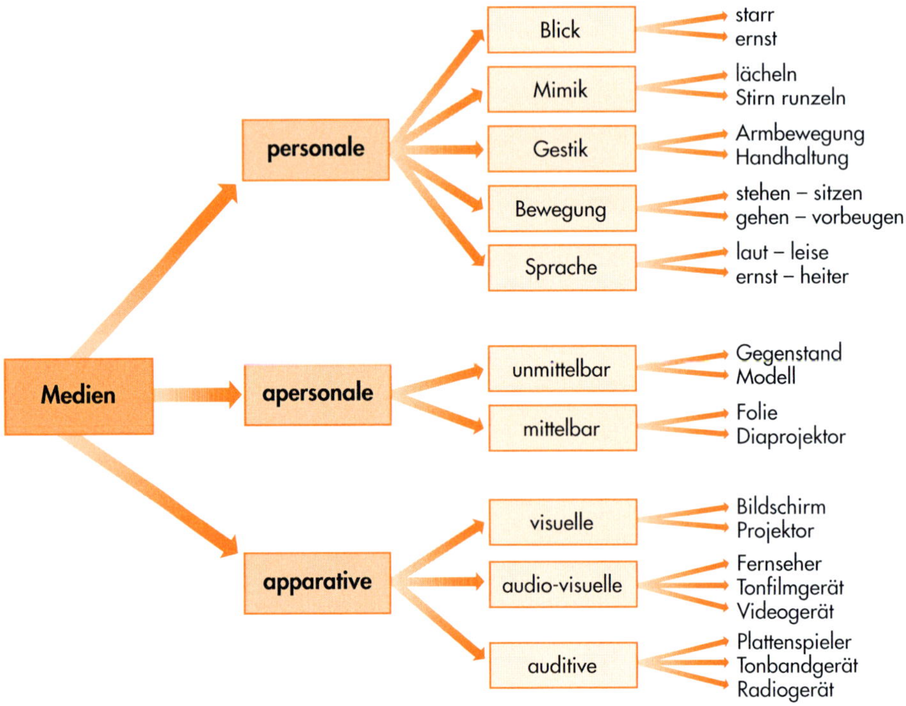

Diagramme für feststehende Werte benutzen

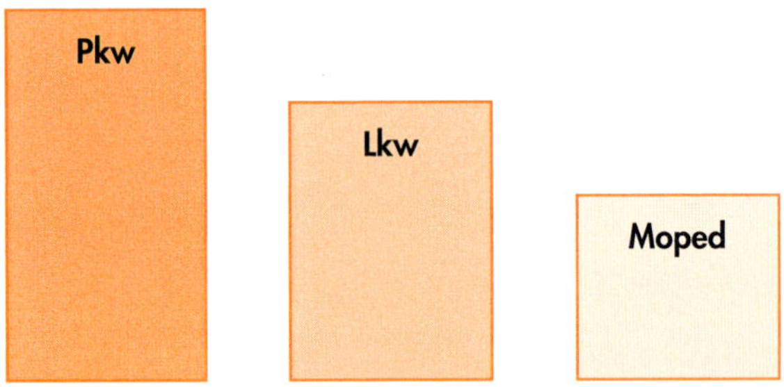

Sammeln Sie **Gesprächsbeiträge.**

1. ....
2. ....
3. ....
4. ....
5. ....
6. ....

Ordnen, gliedern Sie Ihren **Vortrag.**

A. ....
B. ....
  I. ....
    a) ....
    b) ....
  II. ....
C. ....

Didaktische Funktion	Medium (Beispiele)
Motivation	Film, Zeitung
Information	Buch
Intensivierung des Lernprozesses	Audiovisuell (Fernseher)
Ausführung und Übung	Arbeitsblätter
Erkenntnisse und Einsichten vertiefen	Tageslichtprojektor
Lernzielkontrolle	Aufgabenblätter
Transfer	Formblatt aus der Praxis
Verhaltenstraining	Videoanlage

Kriterien für den Einsatz von Medien

Sie sollen motivieren und emotionalen Widerstand abbauen.

Medien sollen an die Erfahrungen der Hörer anknüpfen.

Sprache und Gestaltung sind adressatengerecht zu gestalten.

Sie sollen z. B. durch Fragen, Impulse oder Aufgaben zur Aktivität anregen.

Die Größe und Zusammensetzung der Gruppe sind zu berücksichtigen.

Orientieren Sie sich am Ziel der Veranstaltung.

Ein Medium pro Thema sollte genügen.

Klare Gliederung und einfache Darstellung helfen.

Abwechslungsreiche Gestaltung wirkt belebend, z. B. Bildhaftigkeit, Grafiken, unterschiedliche Schriftgrößen (min. 5 mm) und (max. 4) Farben.

Wenig und leicht lesbarer Text in großen Buchstaben erleichtert das Behalten.

Der Redner / Gesprächsleiter muss das Medium vorher ansehen bzw. anhören und sich mit der Handhabung des Mediums auskennen.

Es muss methodisch sinnvoll eingegliedert werden.

Der Aufwand darf nicht zu hoch sein.

Zusammenfassung

Wir haben gesehen, welche Möglichkeiten Medien bieten:

Wichtig ist, dass wir sie immer einsetzen, um ein ganz bestimmtes Ziel zu erreichen.

Medien steigern das Interesse und die Behaltensquote.

Zu viele Medien verwirren mehr, als sie nutzen.

Illustration: Metz & Schütz

Aufgaben

1 Welche visuellen Medien sind für welche Inhalte sinnvoll?

2 Beschreiben Sie einige technische Möglichkeiten des Tageslichtschreibers.

3 Stellen Sie sich ein Thema. Sammeln Sie dazu Informationen und Bilder, um diese optisch zu unterstützen.

1.9 Referat

Situation

Sie hatten sich gemeldet, vor Ihrer Gruppe ein Referat frei zu halten. Das Thema lautet: „Was möchte ich im Rhetorikseminar lernen?“ Sie fragen sich:

Welche Arbeitsschritte führen am sichersten zu meinem Ziel?

Was muss ich vorbereiten?

Wie trage ich es vor?

1.9.1 Definition

In einem Vortrag trägt der Redner das Ergebnis eigener Studien vor, z. B. ein Professor seine wissenschaftlichen Erkenntnisse. Das Referat dagegen ist die Wiedergabe von Wissen, das der Referent z. B. aus Büchern entnommen hat.

1.9.2 Ziel

Kluge Referenten wollen ihren Zuhörern möglichst viele wichtige Erkenntnisse vermitteln, das Zuhören und Verstehen erleichtern, mit ihnen ins Gespräch kommen, Zwischenfragen beantworten und auch deren Erkenntnisse mit einbeziehen.

Vielen Referenten in Schulen und Universitäten genügt dagegen die Selbstdarstellung: Sie wollen mit ihren Weisheiten glänzen, eine sehr gute Note bekommen und angestaunt werden. Was wollen **Sie?** Mit welchen Methoden, Verhaltensweisen und Medien werden Sie Ihr Ziel am sichersten erreichen?

1.9.3 Arbeitsschritte

Sie entsprechen weitgehend denen beim Aufsatz:

Thema erfassen

Fragestellung klären

Stoff sammeln, z. B. aus Fachbüchern, Fachzeitschriften, Nachschlagewerken

Gliederung erstellen

Rohentwurf formulieren, mit Beispielen ergänzen

Redetext schreiben

1.9.4 Zusätzliche Aufgaben des Referenten

Stichwortzettel schreiben

Er entspricht weitgehend der Gliederung, enthält aber je nach Routine des Redners zusätzliche Hinweise:

wörtlich formulierter erster und letzter Satz

Zitate im Wortlaut

Fragen an die Zuhörer

Symbole für den Medieneinsatz, z. B. Flipchart

Medien vorbereiten, z. B.

Folie für Tageslichtprojektor

Wand- oder Hafttafel beschriften

Metaplan, Flipchart, Wandzeitung

Arbeitsblätter, Gliederung, Thesen vervielfältigen

Illustration: Metz & Schütz

Referat halten

Zunächst sollten Sie es für sich allein sprechen.

Meistens ist es sehr hilfreich, wenn Sie es danach jemandem mit der Bitte um Kritik vortragen, evtl. mithilfe einer Tonband- oder Videoaufzeichnung.

Vor dem Referieren geben Sie dem jeweiligen Veranstaltungsleiter und den Vertretern der Presse Ihren Redetext.

Sie begrüßen den Leiter, die Ehrengäste und die anderen Zuhörer.

Sie nennen Thema, Ziel und Ihre Hauptpunkte (Überblick geben).

Sie sprechen frei – mit gelegentlichem Blick auf Ihre(n) Stichwortzettel.

Sie ergänzen Ihre Worte durch Grafiken, Bilder, Stichworte ..., die Sie z. B. auf Folie vorbereitet haben. Die Behaltensquote steigt dadurch von max. 20 % auf 50 %.

Sie benutzen Gestik, Mimik und Körpersignale.

Halten Sie Blickkontakt mit allen. Nur so erhalten Sie Rückmeldung.

Sie sind offen für Zwischenfragen: Kurze beantworten Sie sofort, für längere verweisen Sie auf die anschließende Besprechung. Soll der Leiter das Referat bewerten (benoten), dann muss er natürlich auch durch Zwischenfragen prüfen, ob es Produkt des Referenten ist.

Fassen Sie im Schluss Ihre Ergebnisse zusammen oder schließen Sie mit einem Appell.

Vergessen Sie nicht den Dank an die Zuhörer und die Verabschiedung bzw. die Einladung zu Fragen oder zur Diskussion.

Illustration: Metz & Schütz

1.9.5 Beispiel

Redetext, Gliederung, Medien

Redetext

„Das Thema lautet: Lernziele im Rhetorikseminar

Ich bin hierher gekommen um mit Ihnen fünf Lernziele zu erreichen:

1. möchte ich mit Ihnen die Vorbereitung einer Rede verbessern,
2. haben Sie Gelegenheit, freies Sprechen zu üben,
3. sollen Sie gezielt Körpersprache einsetzen,
4. können Sie üben, Medien zu benutzen,
5. sollen wir alle am Ende auch besser zuhören können.

Ich freue mich auf ein gutes Seminar."

Gliederung

Thema: Lernziele im Rhetorikseminar

A. Situation

B. Fünf Lernziele
   1. Vorbereiten
   2. Frei sprechen
   3. Körpersprache einsetzen
   4. Medien benutzen
   5. Besser zuhören

C. Freude

Medien

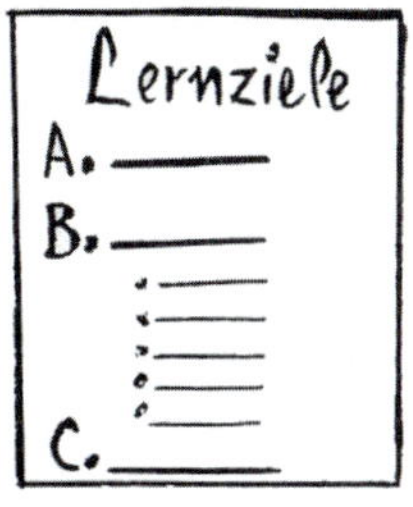

1. Vorbereitung

2. Frei sprechen

3. Körpersprache

4. Medien

5. Zuhören

6. Freude

1.9.6 Checkliste zur Vorbereitung

Situation

Sie haben Ihr Referat fachmännisch vorbereitet. In der Aufregung fällt Ihnen ein Blatt aus der Hand, das nicht nummeriert ist. Außerdem haben Sie die wichtigste Folie auf Ihrem Schreibtisch vergessen. Vor dem nächsten Referat haken Sie darum die folgende Checkliste ab, bevor Sie Ihren Schreibtisch verlassen:

Sprechen

Wie lautet das Thema und die Fragestellung?

Vor wem spreche ich? – Was erwarten die Hörer?

Wie viel Zeit habe ich?

Wen muss ich begrüßen? Wie? Reihenfolge?

Womit beginne und ende ich?

Welche Sätze für den Anfang? – Welcher für den Schluss?

Kann ich mein Manuskript gut lesen?

Mit welchen Gegenargumenten und Fragen muss ich rechnen?

Lasse ich Fragen und Diskussionen zu und wann?

Wie reagiere ich darauf?

Illustration: Metz & Schütz

Handeln / Medien

Redemanuskript/Reihenfolge

Folien für Tageslichtprojektor/Reihenfolge

Flipchart

Tafel

Schreibstifte, Kreide

Unterlagen für Teilnehmer – welche und wann?

Funktionieren technische Geräte?

Uhr

Einladung an alle Teilnehmer

Sitzordnung

Lärmquellen beseitigen

Frischluft

Raumtemperatur

Licht

1.10 Kriterien der Beurteilung

Situation

Sie hören die Rede eines Politikers und finden sie gut, die Rede des nächsten schlecht. Ist das nun ein Gefühl, sind die Redner Ihrer eigenen Partei immer besser – oder gibt es für die Qualität der Rede objektive Kriterien? Hier sollen einige genannt werden.

Grundfragen

Gut vorbereitet?

Viele visuelle Hilfen benutzt?

Bei Sachvorträgen: Inhaltsangabe gegeben?

Blickkontakt gehalten?

Nähe zu Zuhörern gesucht (durch Reihen gehen)?

Heiterkeit erzeugt?

Kurze Sätze formuliert?

Viele Beispiele (aus Alltag) gebraucht?

Natürlich aufgetreten?

Redezeit beachtet?

Humor gezeigt?

Frei gesprochen?

Nicht durch Zurufe stören lassen?

Niveau zu hoch oder zu tief?

Inhalt

Vorstellung nicht vergessen?

Nicht mit einer Entschuldigung begonnen?

Nicht zu früh mit Sprechen begonnen?

Thema erfasst und genannt?

Fragestellung beachtet?

Beispiele erwähnt?

Aufbau gegliedert?

Anfang und Schluss vorhanden?

Keinen Witz auf Kosten anderer gemacht?

Wurden Gesprächsbeiträge gelobt?

Dank an den Zuhörer nicht vergessen?

Teilnehmer verabschiedet?

Kriterienkatalog

Gehört	Gesehen
Inhalt	**Verhaltensweisen**
Begrüßung, Anrede Vorstellung Thema genau behandelt Frage beantwortet motiviert Inhalt richtig vollständig gegliedert Niveau angemessen methodisch Argumente Beispiele klarer Abschluss Zeit eingehalten Dank an Zuhörer Umgang mit Zwischenfragen	zu früh begonnen Heiterkeit Blickkontakt gezielt eingesetzt Gestik Mimik Körperhaltung steif / lebendig ruhig / unruhig einseitig Beine / Füße Redezeit eingehalten frei gesprochen / abgelesen sicher
Sprache	**Grafik**
hochdeutsch flüssig / stecken geblieben genaue Formulierung Pausen Worthülsen unnötige Fremdwörter Wiederholungen ganze Sätze / kurze Sätze Sätze mit „und“ begonnen störende „äh, äm …“ zu schnell / zu langsam monoton / variationsreich überzeugend / engagiert	übersichtlich ideenreich selbstständig originell farbig Platz ausgenutzt Wesentliches erfasst Lesbarkeit schönes Schriftbild

Illustration: Metz & Schütz

1.11 Bewertung

Illustration: Metz & Schütz

Kriterien		☹☹	☹	😐	☺	☺☺	
Optisch							
Blickkontakt	zu wenig						intensiv
Haltung	verkrampft						locker
Gestik	zu wenig falsch						angemessen
Mimik	zu wenig falsch						angemessen
Akustisch							
Lautstärke	zu leise zu laut						angemessen
Sprechtempo	zu langsam zu schnell						angemessen
Sprechweise	undeutlich						deutlich
Stimmführung	monoton						abwechslungsreich
Vortragsweise	abgelesen						frei
Aufbau							
Einleitung	nicht erkennbar						erkennbar
Mittelstück	nicht erkennbar						systematisch
Schlusssatz	ungezielt						gezielt
Dauer							
	zu kurz zu lang						angemessen passend
Auftreten							
	distanziert						engagiert
	langweilig						interessant
	nicht überzeugend						überzeugend
	aufgeregt						ruhig
	unsicher						sicher
Umgang mit Störern							
	nicht gemeistert						gemeistert
Weitere Beobachtungen							
Ich habe es als positiv empfunden, dass …							

1.12 Rückmeldung an den Redner

Illustration: Jan Tomaschoff/CCC

Situation

> Sie sitzen bei dem Vortrag eines Freundes unter den Zuhörern. Er hat Sie gebeten, ihm danach Rückmeldung zu geben. Sie machen sich beim Vortrag Notizen. Worauf achten Sie dabei, und wie „sag ich's meinem Kinde?"

Kriterien

Wenn Sie jemand zu seiner Rede Rückmeldung geben möchten – falls er es wünscht – sollten Sie auf folgende Aspekte achten:

Beschreibend im Gegensatz zu bewertend
Indem Sie Ihre eigene Reaktion wertneutral beschreiben, überlassen Sie es dem anderen, diese Information nach seinem Gutdünken zu verwerten. Indem Sie moralische Beurteilungen unterlassen, mindern Sie im Empfänger den Drang, sich zu verteidigen und die angebotene Information abzulehnen. Sagen Sie nie: „Du machst das, weil ...", weil Sie nicht wissen können, was in dem Redner vorgegangen ist. Besser ist z. B. „Ich hatte den Eindruck ..."

Konkret im Gegensatz zu allgemein
Wenn Sie zu jemandem sagen, er sei dominierend, dann kann er relativ wenig mit Ihrer Aussage anfangen. Sagen Sie ihm anstelle dessen, was er konkret gemacht hat und inwiefern seine Verhaltensweise Sie oder die Gruppe daran gehindert hat, sich zu entfalten. Verallgemeinern Sie nicht: „Du machst das immer so."

Beobachtungen, die Sie bei der Rede gemacht haben, geben Sie an den Redner weiter. Ihre Vermutungen und Interpretationen können Sie ergänzend hinzufügen.

Besprechen Sie veränderbare Verhaltensweisen im Gegensatz zum Verweis auf Unzulänglichkeiten, auf die der Betreffende relativ wenig oder gar keinen Einfluss nehmen kann: Ziel muss immer eine Hilfe sein – keine Information „um der Sache willen".

Erbeten im Gegensatz zu aufgezwungen
Rückmelden ist dann am wirksamsten, wenn der Empfänger selbst darum gebeten hat. Wenn Sie jemanden mit Rückmeldungen überfallen, dann erschweren Sie eine vertrauensvolle Gesprächsbeziehung. Fragen Sie den Redner, was Sie an ihm beobachten sollen, und gehen Sie auf seine Bedürfnisse ein.

Möglichst bald
Sobald die momentane Erregung oder Betroffenheit des Redners abgeebbt ist und er die Bereitschaft zeigt, Rückmeldungen anzunehmen, sollten Sie Ihre Beobachtungen und Vorschläge unterbreiten. Verstreicht zu viel Zeit, ist die Rede nicht mehr frisch im Gedächtnis.

Sprechen Sie **nur im eigenen Namen.**
Sagen Sie nie „man hat doch gesehen …" oder „wir haben gehört …". Eine Ausnahme besteht darin, wenn Sie Ihre Rückmeldung mit anderen abgesprochen haben.

Regeln für den Empfänger von Rückmeldungen

Illustration: Metz & Schütz

Versuchen Sie, möglichst viele **Hilfen** zu entnehmen.

Verteidigen und rechtfertigen Sie sich nicht (das hilft keinem), denn die Rede „ist gelaufen".

Hören Sie nur zu.

Machen Sie sich **Notizen**.

Aufgaben

In Ihrem Betrieb sind wiederholt schwere Fälle von Sucht aufgetreten. Ihr Personalchef ist darüber sehr besorgt und hat Sie beauftragt, vor dem Sozialausschuss eine Rede zu folgendem Thema zu halten: „Wie können wir den Alkoholmissbrauch in unserem Unternehmen bekämpfen?".

1 Entwerfen Sie dazu eine genaue Gliederung des Inhalts Ihrer Rede (vgl. S. 112 ff.).

2 Visualisieren Sie Ihre Aussagen durch Grafiken, Bilder …

3 Planen Sie beim Einstudieren Ihre gesamte Körpersprache mit ein.

4 Bitten Sie mindestens vier Personen oder Gruppen um Rückmeldung zu den vier Aspekten (S. 40).

2 Gespräch

Situation

Wissen Sie, ob Ihr Gesprächspartner Sie immer versteht?

Draußen vor der Stadt wurde vor undenklichen Zeiten ein Turm gebaut, siebenundsiebzig Meter hoch und mit sieben Meter dicken Mauern. Dieser viereckige Turm aber steht in einer seltsamen Landschaft. Denn nach Norden zu liegt ein Meer, nach Osten fruchtbares, bebautes Land, nach Süden eine Wüste und nach Westen üppiger Wald. In diesen Turm werden immer vier Menschen zugleich gebracht, mit verbundenen Augen und im geschlossenen Wagen. Und sie werden die Wendeltreppe des Turmes hinaufgeführt bis zu dem einzigen Raum direkt unter der Kuppel. Dieser Raum hat fünf Fenster, eines nach Norden, eines nach Osten, eines nach Westen und eines nach Süden, das fünfte aber ist ganz oben in der Kuppel.

Zu jedem der vier Fenster wird nun ein Mensch gebracht. Versucht aber einer von ihnen zu einem anderen zu gelangen, so kann er immer nur bis zur Mitte des Raumes gehen. Dort können die vier sich treffen, die Grenze zum nächsten aber kann keiner durchbrechen.

So sehen sie aus ihrem Fenster und der Erste sagt: „Wie schön der Wald ist und wie viele Vögel sich darüber schwingen!" „Nein, das stimmt nicht", sagt der Gegenüberliegende, „der Turm steht inmitten fruchtbarer Felder. Bald wird das Getreide reif sein zur Ernte." Da lacht der vom Südfenster: „Ihr träumt wohl beide, das wäre ja fast eine Fata Morgana. Nichts ist vor dem Fenster, nichts als Sand und Steine!" Der vom Nordfenster schüttelt den Kopf: „Ihr irrt euch alle, vor dem Turm liegt das Meer!" Keiner glaubt dem anderen, jeder hat Recht.

Manchmal ist einer so fleißig und er kriecht durch die dicke Mauer bis vor zum Fenster, ja er beugt sich sogar noch hinaus. Und er kann ein klein wenig sehen, ein winziges Stück Land, das rechts von seinem Fenster liegt, und ein winziges Stück Land, das links von seinem Fenster liegt, so kann er erahnen, dass seine Nachbarn die Wahrheit sagen, und ihnen glauben; vom Menschen gegenüber aber kann er gar nichts erfassen. Ihm kann er nur vertrauen, dass er die Wahrheit sagt. Aber wer kann glauben, dass auf einer Seite ein Meer, auf der anderen Wüste ist? Trotzdem gelingt es immer wieder, dass die vier Menschen so viel Geduld und Zutrauen zueinander entwickeln, sodass sie sich in der Mitte treffen und dort nacheinander alle vier aufeinander steigen, um so durch das Himmelsfenster sehen zu können. Und damit gewinnen sie Glauben. Denn für einen Augenblick kann jeder nach allen Himmelsrichtungen schauen, die Wüste erkennen, das Wasser, die fruchtbaren Äcker und den stillen Wald.

Jetzt glauben sie einander, können Vertrauen gewinnen und Frieden. Der König freut sich und lädt alle ein, in seiner Stadt zu wohnen.

Quelle: Gerhild Pröls

Aufgaben

1 Übertragen Sie das Verhalten der Menschen im Turm auf eine Gesprächssituation.
   a) Wie würde ein Gespräch zwischen den vier Personen verlaufen?
   b) Was geschieht, wenn einer der Gesprächspartner nicht so handelt wie im Text beschrieben?

2 Spielen Sie die verschiedenen Gesprächsrunden als Rollenspiel nach.

Die Leute wünschen nicht, dass man zu ihnen redet.
Sie wünschen, dass man mit ihnen redet.

Emil Oesch

Ziel

Dieser berechtigte Wunsch begründet die Abkehr vom Monolog und die Hinwendung zum Dialog. Damit ein Dialog gelingt, sollten Sie nichts dem Zufall überlassen, sondern systematisch vorgehen und die Besonderheiten der Gesprächsführung beherrschen, z. B.

- bei Ihrer Bewerbung,
- vor einer Prüfungskommission,
- mit Kunden, Lieferanten, Vorgesetzten und Mitarbeitern.

2.1 Voraussetzungen

„Wahr ist nicht das, was A sagt, sondern was B versteht."

Watzlawick

Situation

In einem Verkaufsgespräch bestellt ein Kunde zwei Tonnen. Der Lieferant versteht aber drei Tonnen. Ohne Rückmeldung entstehen nun erhebliche Probleme.

So, wie das Verhältnis der Menschen untereinander ist, so verlaufen auch deren Gespräche:

Verhältnis der Gesprächspartner und Gesprächsverlauf

Wir können unsere Gesprächspartner nicht verändern – aber uns! Ändern wir uns, dann kommen wir sicherer zu unseren Zielen. Dazu gibt es viele Möglichkeiten:

Vorbereitung: Mit ihr gewinnen wir Sicherheit

Sachkenntnisse erwerben (z. B. Eigenschaften und Probleme des Produktes),

korrektes Erscheinungsbild bieten, das dem Sachverhalt angemessen ist,

richtige Zeit wählen und Zeit haben,

ausgeruht und rechtzeitig ankommen,

Informationen über den Gesprächspartner sammeln (seine Vorlieben, Abneigungen, Hobbys),

sich in die Rolle des anderen und seine Bedürfnisse / Ziele hineinversetzen.

Verhaltensweisen: Zeigen Sie, dass Ihnen die Gesprächspartner wichtig sind

Blickkontakt aufnehmen und die Reaktionen des Gesprächspartners wahrnehmen,

die Hand geben, nicht nur sehen und sprechen, sondern fühlen,

Zustimmung zeigen, z. B. durch Kopfnicken,

vorführen / vormachen, Gegenstände oder Zeichnungen zeigen, überreichen.

Sprachliche Aspekte

Sich namentlich vorstellen,

ein ehrliches Kompliment machen,

Gedanken gegliedert vortragen und Schwerpunkte setzen,

möglichst kurz und verständlich sprechen,

anschaulich-bildhaft sprechen, z. B. „Die Kirche im Dorf lassen“, „Ein gelungenes Menü“,

positive Begriffe benutzen, z. B. „Unser gemeinsamer Vorteil“, „Die Sonnenseite: Glück, Erfolg, Freude …“,

den Aussagen des Partners möglichst zustimmen: „Sie möchten also …“,

nicht unterbrechen,

gemeinsames Interesse herausstellen,

an die Aussagen des anderen anknüpfen,

Fragen stellen: Nur wer fragt, erfährt etwas. „Reden ist Silber – Fragen bringt Gold!“ Mit Fragen eröffnen Sie ein Gespräch, behalten die Initiative und können so das Gespräch steuern. Sie erhalten Informationen über Ziele, Wünsche, Gefühle, Motive, Probleme, Sorgen und Einwände des anderen Menschen.

Aufgabe

Führen Sie zu zweit ein Gespräch über ein vereinbartes Thema oder einen Gegenstand. Nehmen Sie sich zehn Minuten Zeit zur Vorbereitung. Zwei weitere Personen beobachteten die Verhaltensweisen und sprachlichen Aspekte, die Sie benutzen und geben Rückmeldung.

2.1.1 Die vier Seiten eines Gesprächs

Situation

> Formulieren Sie einen beliebigen Satz, z. B. „Heute ist sehr schönes Wetter." Fragen Sie vier Menschen, wie sie diese Aussage verstanden haben. Die folgenden Rückmeldungen sind dabei u. a. möglich:
>
> 1. Heute ist es schöner als gestern.
> 2. Lasst uns das Seminar bald beenden.
> 3. Ich fühle mich in der Sonne wohler als hier.
> 4. Ich möchte mit dir die Sonne genießen.

Nach Schulz von Thun hat jede Aussage vier Aspekte. Die übermittelte Nachricht enthält:

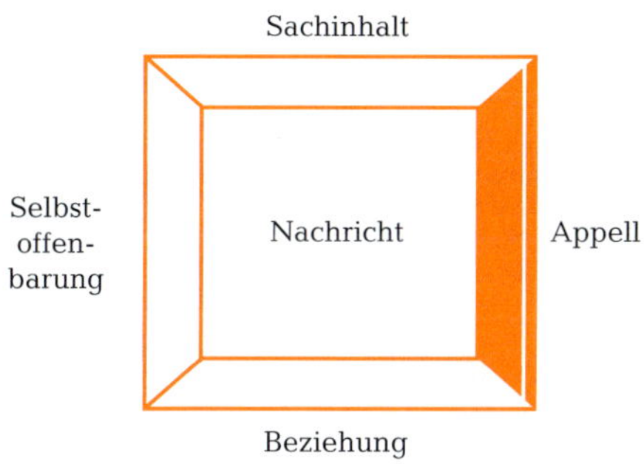

1. Sachinhalt
2. Appell an den Hörer
3. Selbstoffenbarung des Sprechers
4. Beziehungsdefinition zwischen Sprecher und Hörer

Selbstoffenbarung
Was ist das für ein Sprecher? Was ist mit ihm?

Beziehung
Wie redet der eigentlich mit mir? Wen glaubt er vor sich zu haben?

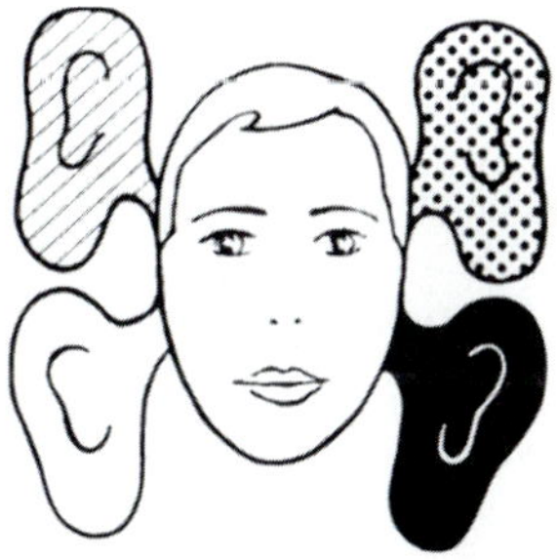

Sachinhalt
Wie ist der Sachverhalt zu verstehen?

Appell
Was soll ich tun, denken, fühlen aufgrund seiner Mitteilung?

Es ist so, als ob der Hörer vier Ohren hätte und mit jedem etwas anderes hören könnte. Entscheidend ist, welches Ohr der Sprecher anpeilt – und welches der Hörer eingeschaltet hat.

Ein Chef sagt z. B. zu seinem neuen Auszubildenden, als er die Post wegbringt: „Fahren Sie langsam." Dieser hört entweder:

Sachinhalt: Es eilt nicht.

Selbstoffenbarung: Ich sorge mich um dich.

Beziehung: Ich muss für dich sorgen.

Appell: Tu etwas Bestimmtes.

Aufgaben

1 Ordnen Sie die o.g. Rückmeldungen der Situationsbeschreibung den vier Ohren zu.

2 Formulieren Sie einen beliebigen Satz. Schreiben Sie dann die vier möglichen Aspekte dazu.

3 Setzen Sie die Betonung in dem gleichen Satz so, dass beim Hörer die von Ihnen gemeinte Botschaft ankommt. Im Zweifelsfall sollten Sie ihn durch eine Interpretation ergänzen.

2.1.2 Kommunikationsregeln

Situation

Wenn Sie ein Gespräch führen, haben Sie ein ganz bestimmtes Ziel – und wenn dies „nur" darin besteht, mit einer Freundin gemütlich zu plaudern: Immer möchten Sie verstanden werden und verstehen. Sie wollen gut zu sich sein und zu den Gesprächspartnern.

Diesem Ziel dienen die von der Sprachforscherin Ruth Cohn entwickelten Kommunikationsregeln, von denen wir die acht wichtigsten nennen. Bei einem guten Gespräch beziehen sich jeweils zwei Personen oder „Parteien" aufeinander. Das gilt auch für diese Regeln. Beachten Sie diese acht Hilfen. Dadurch wird sowohl die Beziehung zu Ihrem Gesprächspartner verbessert als auch das Ergebnis des Gesprächs.

Illustration: Metz & Schütz

Kommunikationsregeln	
1. Sei dein(e) eigene(r) Vorsitzende(r): Du bestimmst ob, wann und was du sagst.	2. Experimentiere mit dir. Bemühe dich, deine Verhaltensweisen zu verbessern.
3. Sag „ich" statt „man", denn niemand weiß, wer „man" ist. Darum kann niemand für diesen „man" sprechen.	4. Mache eine Aussage, statt nur zu fragen. Nur so kann ich dich klar verstehen.
5. Fasse dich kurz: Zeig, dass du konzentriert denkst und sprichst, und verärgere den anderen nicht durch langatmige Monologe.	6. Lass andere ausreden, denn dann wird er/sie dich auch ausreden lassen – und du verstehst ihn/sie besser.
7. Sprich direkt (gib Rückmeldung). Du willst auch nicht, dass jemand über dich spricht, sondern zu dir.	8. Höre anderen zu, dann werden sie dir auch zuhören. Ohne zu hören, verstehst du den anderen Menschen auch nicht.

Sie haben sicher erkannt, dass sich die gegenüberliegenden Regeln direkt bedingen oder indirekt aufeinander beziehen, besonders Regeln fünf und sechs sowie sieben und acht.

Aufgabe

Führen Sie mit einem Mitmenschen ein Drei-Minuten-Gespräch, in dem Sie diese Regeln streng beachten. Geben Sie einer dritten Person die acht Kriterien mit der Bitte, dem Gespräch zuzuhören und auf die Einhaltung dieser Kommunikationshilfen zu achten.

2.1.3 Positive Ich-Botschaften

Situation

Im Laufe eines Gesprächs wird der Ton immer gereizter. Keiner der Gesprächspartner sagt zu dem anderen ein persönliches Wort: Beide tauschen nur Sachargumente aus. Offenbar fühlt sich jeder vom anderen missachtet. Allmählich merken Sie, wie sinnlos jede Aussage ist, wenn der Gesprächspartner nicht zuhört. Sie fragen sich, wie Sie das verbessern können.

Illustration: Erik Liebermann/CCC

Sie tragen wesentlich zum Gelingen des Gesprächs bei, wenn Sie die Atmosphäre verbessern. Das geschieht z.B. durch positive Ich-Botschaften, insbesondere wenn diese symmetrisch sind. Der Mitmensch darf nicht den Eindruck gewinnen, dass Sie ihn „von oben herab" wohlwollend „den Hals tätscheln", wie z.B. einem Pferd, sondern dass er mit Ihnen partnerschaftlich auf der gleichen Stufe steht. Wir schlagen Ihnen vor, dass Sie sich ein Repertoire dieser positiven Ich-Botschaften aneignen, die Sie dosiert und der jeweiligen Lage entsprechend gezielt einsetzen. Oberste Kriterien für den Einsatz sind Wahrheit und die Art der persönlichen Beziehung der Partner.

Beispiele:

Sprecher	Hörer
Ich freue mich, dass du wieder gesund bist. Ich freue mich über deinen Erfolg. Ich bin glücklich (fasziniert, begeistert, erstaunt, überrascht, beruhigt, entlastet), dass es so gekommen ist.	Ich fühle mich wohl (akzeptiert, angenommen, ernst genommen, verstanden). Ich finde es gut (wunderbar, herrlich, schön).

Aufgabe

Formulieren Sie vier weitere positive Ich-Botschaften.

2.1.4 Kommunikationssperren

> Im Verkaufsgespräch droht der Verkäufer: „Wenn Sie die letzte Rechnung nicht sofort begleichen, müssen Sie mit entsprechenden Konsequenzen rechnen.“

Situation

Hier droht der Verkäufer und baut so eine Sperre auf, statt eine Brücke zu bauen. Die genannten Kommunikationsregeln verbessern ein Gespräch. – Sperren verschlechtern oder torpedieren es. Häufig treten folgende Sperren auf:

Drohen: Das eben genannte Problem wird mit einer Drohung noch verschärft.

Befehlen: Ein Befehl verschlechtert oder zerstört die Freiheit des anderen und damit die Mitwirkung am Denkprozess.

Verhören: Auch hier wird eine Person zum Objekt des Gesprächs erniedrigt.

Ablenken: Hierdurch kommt ein Gespräch noch nicht einmal zustande. Außerdem entsteht beim Partner das Gefühl, nicht ernst genommen zu werden.

Analysieren: Der Gesprächspartner ist kein Studienobjekt, über den ich zu befinden, d.h. zu sprechen und zu urteilen habe.

Beschimpfen: Die Folge ist, dass sich der Beschimpfte wehrt. Das zieht Aktivitäten von der Problemlösung ab und vergiftet darüber hinaus die Atmosphäre.

Beschuldigen: Das eben Gesagte gilt auch hier.

Moralisieren: Wir sind keine Moralapostel, die andere klein machen, sondern Partner, die einander helfen.

Belehren: Es ist besser, bei Unwissenheit sachlich zu informieren.

Üble Tricks

Tricks	Abwehr
Beweislast abwälzen	Nicht ich beweise, dass ich Recht habe, sondern du beweist mir, dass ich Unrecht habe. Beweis fordern: Nicht ich beweise, dass die Preise überzogen sind, sondern du beweist mir, dass das nicht so ist.
Pauschalbehauptungen	Unüberprüfbare Logik bezweifeln. Diesen Einzelfall begründen lassen.
Umkehrschlüsse	„Wenn Sie sagen, aus X folgt Z, dann müsste also umgekehrt aus minus X auch minus Z folgen oder nicht?“
Fehler des Gegners aufbauschen – sehr beliebt!	Berechtigte Kritik bestätigen – aber zum Maßhalten auffordern.
Monokausale Erklärung	Andere Erklärungen heranziehen.
Von Argument zu Argument, von These zu These, von Thema zu Thema springen	Geduldig eine Frage nach der anderen besprechen.

Illustration: Metz & Schütz

Killerphrasen

„Killerphrasen", die jedes weitere Gespräch blockieren oder verhindern, sollten vermieden werden.

Einige Beispiele:

In der Theorie ist das ja ganz gut, aber in der Praxis …

Das haben wir schon immer so gemacht, versucht, … noch nie gemacht.

Hat sich Ihr Vorschlag schon irgendwo mal bewährt?

Das sehen Sie völlig falsch.

Dafür sind wir doch gar nicht zuständig. Das geht uns nichts an.

In Wirklichkeit ist es doch so … / Es ist doch allgemein bekannt …

Das ist doch (juristisch, technisch, psychologisch, medizinisch …) gar nicht machbar!

Kommen wir doch endlich zur Sache!

Das sind doch Hirngespinste.

Wissenschaftliche (oder empirische) Untersuchungen haben demgegenüber gezeigt, dass …

Das lässt sich nicht durchsetzen.

Das ist viel zu teuer.

Meinen Sie das im Ernst?

Wenn Sie richtig zugehört hätten …

Wenn die Idee was taugte, wär doch längst jemand draufgekommen.

Welcher Traumtänzer hat denn das gesagt?

Dafür sollten wir Experten einen Ausschuss einsetzen. / … die Entwicklung abwarten.

Die werden denken, wir sind nicht ganz dicht.

Für Sie als (Frau / Eltern / Ehemann / Lehrer) ist es unverständlich, dass Sie …

Sie müssen doch zugeben, dass .../... können sich doch nicht der Logik verschließen ...

Durch Ihre Worte geben Sie zu erkennen, dass Sie ein ... sind.

Die jetzige Situation erfordert ...

Dazu fehlt Ihnen die Erfahrung.

Darüber lässt sich ein andermal reden .../Wir haben jetzt doch keine Zeit für lange Palaver.

Ich verstehe gar nicht, wo Sie da Schwierigkeiten sehen ...

Wir haben doch schon so viele andere Projekte ...

Schon wieder Sie mit Ihren ...

Ich sehe keinen Zusammenhang ...

Macht nur einen Haufen Arbeit ...

Das wächst uns noch über den Kopf .../Dazu sind wir jetzt noch nicht in der Lage ...

aus: Neuberger, O.: Miteinander arbeiten – miteinander reden!, München 1982

Aufgaben

Illustration: Metz & Schütz

Bitte, verbessern Sie:

Davon verstehen Sie nichts.

Das weiß ich besser.

Das dürfen Sie mir nicht sagen.

Kommen Sie endlich zur Sache!

Ich will Ihnen einmal sagen: ...

Immer wieder sagen Sie das.

Sie sind im Unrecht.

Reden Sie nicht so einen Quatsch.

Sie haben mich falsch verstanden.

Das müssen Sie wissen.

2.1.5 Regeln erfolgreicher Gesprächsführung

Situation

Im beruflichen Alltag treffen die gleichen Personen mit immer wiederkehrenden ähnlichen Problemen regelmäßig zusammen. In manchen Fällen gelingt das Gespräch – in anderen misslingt es. Was können die Beteiligten tun, um die Gesprächskultur zu verbessern?

Regeln

Nach den Erkenntnissen von Karl Rogers sollten Sie folgende Regeln beachten:

Versetzen Sie sich in die Situation des Gesprächspartners und hören Sie ihm aktiv zu.

Beobachten Sie Ihren Gesprächspartner und betrachten Sie sein Verhalten als Aussage.

Achten Sie auf die Übereinstimmung Ihrer Gefühle mit Ihrem Verhalten.

Zeigen Sie ihrem Gesprächspartner Anerkennung durch positive Bemerkungen, Nicken, Blickkontakt, zugewandte Körperhaltung.

Benutzen Sie die Sie-Argumentation.

Nicht: „Ich erwarte", sondern: „Sie möchten doch …".

Stellen Sie offene Fragen – keine Suggestivfragen.

Erarbeiten Sie gemeinsame Lösungen, statt sie vorzugeben.

Machen Sie Vorschläge, statt Ratschläge zu geben.

Äußern Sie Ihre Gefühle (einfühlsam und direkt)

Fragen:	„Findest du das Verhalten gut?" (direkt: „Ich finde dieses Verhalten nicht in Ordnung.")
Befehle:	„Sei ruhig!" (direkt: „Ich fühle mich gestört, wenn du so laut sprichst.")
Anklagen:	„Du hörst mir ja nie zu." (direkt: „Ich ärgere mich, wenn ich dir etwas erkläre und du mit so vielen anderen Gedanken beschäftigt bist.")
Schimpfen:	„Du kannst aber auch gar nichts." (direkt: „Das ärgert mich, dass diese Aufgabe jetzt dein Nachbar erledigen muss.")
Sarkasmus:	„Das hast du ja wieder einmal großartig gemacht." (direkt: „Ich finde das nicht gut, was du gemacht hast.")
Man-Sätze:	„Man kann nicht einfach widersprechen." (direkt: „Ich habe keine Lust mehr weiterzusprechen, wenn ich sofort ein Nein höre.")
Du-solltest-Sätze:	„Ihr solltet euch wirklich etwas mehr Mühe bei euren Referaten geben." (direkt: „Ich halte es für besser, wenn ihr mehr Zeit und Mühe in eure Referate investiert.")

aus: Martin Schuhmann: „Methoden und Möglichkeiten der Gesprächsführung bei pädagogischen Problemen in der schulischen Berufserziehung", Frankfurt 1993

Aufgaben

1 Formulieren Sie zu jeder Gefühlsäußerung ein weiteres negatives Beispiel.

2 Geben Sie zu diesem Beispiel jeweils die richtige direkte und einfühlsame Äußerung.

2.1.6 Fragetechnik als Führungsmittel

In einem Seminar wurde vorgeschlagen, dass ein Gruppensprecher gewählt wird. Das lehnte die Gruppe einstimmig ab. Im Verlauf des Seminars fragte ein Teilnehmer immer wieder, wer einen Vorschlag zur Lösung des anstehenden Problems habe. Die Antworten schrieb er an das Flipchart. In der nächsten Pause sagten ihm einige Teilnehmer „Wir wollten keinen Gruppensprecher – aber du warst es doch."

Situation

Wer fragt, führt, wer behauptet, hat die Beweislast.

Das wichtigste sprachliche Führungsmittel ist die Frage. Damit bestätigen Sie das Selbstwertgefühl der anderen Seite, lenken gleichzeitig die Gedanken auf Ihr Ziel und erhalten zusätzlich Informationen für Ihre Argumentation. Kein Mensch lässt sich gern bestimmen, befehlen, von Fremden führen. Wir wollen gebeten sein, gefragt werden. Ein wertvolles Mittel, die Kommunikation mit unseren Mitmenschen zu verbessern, ist die Frage. Lesen Sie bitte die folgenden Beispiele:

Herr Rogers, sind Sie einverstanden?

Darf ich Ihnen Folgendes anbieten?

Darf ich Ihnen die Vorteile nennen?

Sollen wir es sofort liefern?

Wünschen Sie die Normal- oder die Sparpackung?

Möchten Sie ein Einzel- oder Doppelzimmer?

Wie hoch ist das benötigte Darlehen?

An welche Versicherungshöhe haben Sie gedacht?

Zahlen Sie bar?

Möchten Sie eine Rückfahrkarte?

„Worte sollen Brücken sein.
Sie können aber auch Mauern werden."

Goes

Für ein Gespräch eignen sich nicht alle Fragen, wie einige Beispiele zeigen:

Ungeeignete Fragen

Geschlossene Frage, auf die der Befragte lediglich mit „ja" oder „nein" antworten kann:

Ist es richtig, dass Sie aufgehört haben, Ihre Frau zu schlagen?

Alternativfragen, bei denen der Gesprächspartner lediglich die Wahl zwischen zwei Alternativen hat, ohne sich für eine ihm angenehmere dritte Möglichkeit entscheiden zu können. Diese in der Verkaufspsychologie recht beliebte Technik überrumpelt den Gesprächspartner, weil sie ihn von der Möglichkeit ablenkt, alle Alternativen ablehnen zu können:

„Wollen Sie lieber die Zeitschrift X oder die Zeitschrift Y?"

Suggestivfragen, in denen die gewünschte Antwort bereits in die Frage hineingelegt wird:
„Sie glauben doch sicherlich auch, dass …?"
„Sie werden mir doch nicht widersprechen, wenn …?"

Rhetorische Fragen, bei denen gar keine Antwort erwartet wird:
„Habe ich das nicht gleich gesagt?"

Examensfragen, in denen der Gesprächspartner lediglich **ausgefragt** wird.

Geeignete Fragen

1. **Offene Fragen:** Der Fragende gibt lediglich den Bezug zur Antwort vor, nicht die Antwort selbst. Sie soll mit den klassischen Fragewörtern eingeleitet werden:
   „**Warum** glauben Sie, dass …?"
   „**Wozu** wird dies Ihrer Ansicht nach führen?"
   „**Welche** Erfahrungen haben Sie mit … gemacht?"
2. **Kontrollfragen:** Sie sollen klären, ob der Antwortende die Frage richtig verstanden hat. (Habe ich Sie richtig verstanden …?)

In diesem Fall ist nur darauf zu achten, dass aus dem Kontext oder der Betonung nicht die Meinung des Fragenden zum Gegenstand deutlich wird. So soll mit der Frage zwar das Interesse an der Meinung des Befragten, nicht aber das Interesse an einer ganz bestimmten Antwort deutlich werden. Wir wollen ja mit dieser Gesprächstechnik möglichst offene und ehrliche Antworten erhalten.

Aufgabe

Berichtigen Sie die Formulierungen durch Fragen:
Ich komme in der nächsten Woche.
Ich muss noch von Ihnen wissen.
Sie müssen mir helfen.

2.1.7 Tempologie

Die Unfähigkeit, Ruhe zu bewahren,
und spontanes, unüberlegtes Handeln
sind die größten Fehlleistungen der Menschheit.

Piaget

Situation

Sicher haben Sie schon das unangenehme Knirschen im Getriebe eines Autos gehört, wenn die Kupplung nicht getreten wurde: Schnelle und langsam laufende Räder zermalmen einander. Ähnlich ist es auch bei Partnern im Gespräch.

Ganz besonders schwierig ist die Situation, wenn Sie als ausgeglichener, ruhiger Mensch andere besuchen, die hektisch sind. Ähnlich ist es im umgekehrten Fall. Sie können niemanden beschleunigen und nicht ohne Ärger bremsen. Immer entstehen zumindest emotionale Störungen, besonders wenn der Unterschied sehr groß ist. Darum achten Sie darauf, dass der Unterschied in der Schnelligkeit zwischen Ihnen und Ihren Gesprächspartnern möglichst klein ist. Kennzeichnen Sie sich, Ihre Familienmitglieder und/oder Freunde.

Tempologie			
Ich bin	**Partner**	**Schwester**	**Bruder**
lahm sehr langsam langsam mittel schnell sehr schnell hektisch			

Aufgabe

Üben Sie im Rollenspiel auf verschiedene Gesprächspartner mit unterschiedlichem Temperament einzugehen. Eine weitere Person kennzeichnet die Partner während des Gesprächs.

2.2 Gesprächsarten

> ***Setze dir Ziele – sonst realisierst du die Ziele anderer.***
>
> ***Dr. Rupert Pobel***

Situation

> Am Ende Ihrer Ausbildung müssen Sie ein Bewerbungsgespräch führen.
> Sie möchten etwas verkaufen, ein Produkt oder eine Idee.
> Als Vorgesetzter müssen sie loben, tadeln und beurteilen.
> Als Fachmann oder -frau möchten Sie Mitmenschen informieren.
> In jedem Fall haben Sie ganz bestimmte Ziele, die Sie systematisch anstreben sollten.

Ob ein Gespräch gelingt, hängt von der Sachlage ab, von Ihren Gesprächspartnern und von Ihnen, also auch von Ihrem Wissen und Gesprächstraining.

2.2.1 Informationsgespräch

Anlass – Inhalt – Stil

Typische Anlässe für Informationsgespräche sind z.B. die Frage nach der Funktion einer Maschine oder nach der Rechtslage bei einem gestörten Kaufvertrag. Gegenstand der Information sind Fakten, Daten, Ideen, Ereignisse, Zustände, Entwicklungen und Tendenzen. Ein Informationsgespräch ist die einfachste Gesprächsform: Ein unwissender Mensch fragt einen anderen, der etwas weiß. Gelegentlich informiert auch jemand, ohne gefragt zu sein.

Zur Vervollkommnung sollten die Informationen noch belegt werden. Zum Wesen dieser Gesprächsart gehört, dass nur der Verstand angesprochen wird, keine persönliche Stellungnahme erfolgt und die Aussagen in nüchternem Sachstil formuliert sind.

Hier haben beide Seiten ein Informationsbedürfnis. Ein Meister informiert z.B. seinen Werksleiter über den Produktionsrückstand. Gleichzeitig will er aber wissen, welche Mittel er zur Behebung dieses Problems einsetzen soll, wer dies veranlasst und wann dies geschieht (Materialien, Arbeitskräfte, Überstunden).

Schritte zur Lösung

Genügend Zeit – ruhiger Raum – Akten – Atmosphäre

Bedürfnisse klären: Welche Ziele haben die Beteiligten?

Mögliche Lösungen sammeln, formulieren und begründen

Lösungsvorschläge bewerten und gewichten

Auswahl der besten Lösung

Realisierung

Bewährungskontrolle

2.2.2 Bewerbungsgespräch

Situation

Sie haben eine qualifizierte Ausbildung mit sehr guten Ergebnissen abgeschlossen und werden sich nun bewerben. Auf jede Klausur haben Sie sich vorbereitet, um eine gute Note zu erwerben. Wie viel wichtiger ist die Vorbereitung auf das Bewerbungsgespräch, denn in ihm trifft ein Personalchef eine für Sie wichtige Lebensentscheidung.

Möglicher Ablauf von Bewerbungsgesprächen

Erste Kontakt- und Motivationsphase: Es wird etwas angeboten (Kaffee/Gebäck), nach der Anreise gefragt.

Gespräch über besuchte Schulen, berufliche Aufgaben

Fragen zu gegenwärtiger Position, Erfahrungen, Interessen

Was gefällt Ihnen an Ihrer jetzigen Tätigkeit, was nicht? Warum wollen Sie Ihre bisherige Stellung aufgeben? (vernünftige Gründe, klare Karriereplanung)

Weitere Themen können sein:

- Herkunft und Familie
- Gegenwärtiges Einkommen
- Gesundheit
- Vorkenntnisse über das Unternehmen
- Gehaltsvorstellungen
- Möglicher Arbeitsbeginn

Verabschiedung: „Sie erhalten von uns Nachricht bis …“

Innere Vorgänge beim Bewerbungsgespräch

Fragen an die Bewerberin / den Bewerber

Stellen Sie sich doch einfach einmal dar, wer Sie sind und wohin Sie sich beruflich entwickeln wollen. Erzählen Sie einmal über sich.

Was wissen Sie bereits über unser Unternehmen?

Über welche Fragen und Fakten haben Sie sich informieren können (z.B. Produkte, Tätigkeitsbereiche, Umsätze, Gewinne, Mitarbeiterzahlen usw.)?

Warum interessieren Sie sich für die ausgeschriebene Position?

Was motiviert Sie für eine Mitarbeit in unserem Unternehmen?

Weshalb glauben Sie für diese Tätigkeit geeignet zu sein? Welche Voraussetzungen sprechen aus Ihrer Sicht für eine Einstellung?

Was ist Ihnen in der künftigen Tätigkeit wichtig?

Welche Vorstellungen haben Sie zur Einarbeitung?

Wie sieht Ihre zeitliche Planung aus? – Wie lange wollen Sie bei uns bleiben?

Welche Vorstellungen haben Sie über Führung und Zusammenarbeit?

Welche Formen der Führung kennen Sie und welche davon halten Sie für Erfolg versprechend?

Welche Erfahrungen und Ereignisse haben Sie positiv geprägt?

Gab es Personen, die Sie persönlich beeinflusst haben?

Inwieweit sind Sie bereit, dem Beruf Prioritäten einzuräumen?

Wie bewerten Sie Privatleben und Familie im Rahmen Ihrer beruflichen Planung?

Welche privaten Ambitionen haben Sie?

Was bezeichnen Sie als Ihre persönlichen Stärken?

Was bedeuten Ihnen Begriffe wie „Soziales Engagement" und „Ehrgeiz"?

Sind Sie team- und kommunikationsfähig (Begründung)?

Wie charakterisieren Sie Ihren persönlichen Arbeitsstil?

Welchen Stellenwert messen Sie Eigenverantwortlichkeit und Ermessensspielraum bei Ihrer Tätigkeit bei (im Gegensatz zu einer klar definierten Aufgabenverteilung)?

Was sind Ihrer Meinung nach Ihre negativen Eigenschaften?

Glauben Sie sich der Mentalität anderer Regionen anpassen zu können? Wenn ja, warum?

Für wie wichtig halten Sie die regionale Mobilität nach der beruflichen Etablierung?

In welcher Branche glauben Sie Ihre Berufsvorstellungen am ehesten verwirklichen zu können?

Welche Unternehmen kommen für Sie als potenzielle/r Arbeitnehmer/in in Betracht?

Wie schätzen Sie unsere Firma im Vergleich zu Konkurrenzunternehmen ein?

Bei welchen anderen Unternehmen haben Sie sich noch beworben?

Was möchten Sie bei uns in den nächsten fünf Jahren erreicht haben?

Über welche Sprachkenntnisse verfügen Sie, wie schätzen Sie diese ein?

Welche EDV- und wirtschaftswissenschaftlichen Kenntnisse haben Sie?

Stellen Sie doch in fünf Minuten einmal für den Laien verständlich dar, was Sie im Studium gelernt haben und worauf Sie sich spezialisiert haben.

Stellen Sie Inhalte und Ergebnisse Ihrer Diplomarbeit kurz dar (für den Laien verständlich).

Stehen Sie gern im Mittelpunkt einer Gesellschaft?

Sind Sie in Gegenwart anderer meistens zurückhaltend?

Mögen Sie Aufgaben, die Ihre volle Konzentration erfordern?

Lassen Sie sich leicht aus der Ruhe bringen?

Lieben Sie Aufgaben, die ein schnelles Handeln erfordern?

Ist für Sie ein Klein-, Mittel- oder Großunternehmen interessant?

Warum haben Sie (die jeweilige Fachrichtung) studiert?

Fragen der Bewerberin / des Bewerbers

Wie verläuft die Einarbeitung in Ihrem Haus?

Wie viel Zeit wird für die Einarbeitung gewährt?

Welche Fortbildungsmaßnahmen bietet Ihr Unternehmen?

Welche Kurse werden von Ihnen intern und extern gefördert?

Haben Sie ein System, nach dem Sie meine Leistungen beurteilen?

Wenn ja, könnten Sie mir nähere Informationen dazu geben?

Wie alt sind die Mitarbeiter, mit denen ich zusammenarbeiten werde?

Wie lange sind diese Mitarbeiter im Unternehmen?

Besteht die Möglichkeit, mir den Arbeitsplatz näher anzuschauen?

Inwieweit sind spätere Auslandseinsätze möglich?

Gibt es konkrete Zielsetzungen für die Position (Umsatz- und Gewinnvorgaben)?

Wie viel Wert legt das Unternehmen auf das Betriebsklima?

Welche Maßnahmen ergreifen Sie, um das Klima zu fördern und die Motivation der Mitarbeiter zu steigern?

Hat Ihr Unternehmen eine flache oder steile Hierarchie?

Inwieweit ist es möglich, eigenverantwortlich und selbstständig in Ihrem Betrieb zu arbeiten?

Welche Sozialleistungen bietet Ihr Unternehmen (Betriebliche Altersversorgung, Urlaubsgeld, Firmenwagen bei im Vertrieb Beschäftigten, Zahlung von vermögenswirksamen Leistungen)?

Aufgabe

Formulieren Sie für jede Frage an die Bewerber/den Bewerber eine Antwort. Schreiben Sie sich dazu Stichworte auf. Sie verschaffen sich dadurch viel Selbstsicherheit.

Rollenspiel

Einstellung – Leiter des Personalbüros

Die Metallausbau GmbH mit 50 Mitarbeitern sucht einen Leiter des Personalbüros. Auf eine Anzeige sind 30 Bewerbungen eingegangen. Die Personalleiterin hat zwei Bewerber in die engere Wahl gezogen. Führen Sie das Einstellungsgespräch. Sie haben über die Bewerber folgende Informationen:

1. Andreas Adelmann
28 Jahre, ledig, Fachschulreife an einer Berufsfachschule Wirtschaft, Ausbildung zum Bürokaufmann im Hotel „Wartburg", Mannheim, dann zwei Jahre Bundeswehr, danach zwei Jahre Leiter der Buchführung auf Kreuzfahrtschiffen, weltweit tätig; gute Arbeitgeberzeugnisse.

2. Benno Biedermann
34 Jahre, verheiratet, zwei Kinder; Fachschulreife (Realschule); Ausbildung zum Hotelkaufmann im Hotel „Europäischer Hof", Heidelberg; danach Ausbildung zum Industriekaufmann bei der Firma John Deere Lanz in Mannheim; gute Schul- und Arbeitszeugnisse. Er sieht in seiner jetzigen Position keine Aufstiegsmöglichkeiten.

Führen Sie mit jeder Person ein Bewerbungsgespräch als Rollenspiel durch. Bitten Sie jemand, den Beobachtungsbogen auszufüllen.

Beobachtungsbogen	
Wie spricht der / die Bewerber(in)? Fragen beantwortet? Überzeugend? Angemessene Sprache? Ausreden lassen?	
Wie verhält er / sie sich? Blickkontakt Gestik Mimik Haltung Engagement Selbstsicherheit Spontaneität	
Gesamteindruck	

2.2.3 Kritik und Lob

Situation

Als Vorgesetzte(r) müssen Sie schlechte Leistungen kritisieren und gute loben. Lob und Kritik sind Führungsmittel. Sie dienen dazu, die für den Betriebserfolg nötigen Anforderungen zu stärken bzw. Fehlerquellen auszuschalten. Der neutrale Begriff hierzu ist die Beurteilung. Ziel der Kritik ist die Rückmeldung und Korrektur falscher und die Bekräftigung guter Verhaltensweisen. Als Grundsatz gilt: Nicht den Schuldigen bestrafen, sondern helfen, in Zukunft den Fehler zu vermeiden.

***„Wenn sich eine Tür schließt,
dann öffnet sich eine andere.
Wenn wir jedoch nur auf die verschlossene Tür schauen,
nehmen wir die offenen Türen nicht wahr."***

Autor unbekannt

Grundsätze des Kritisierens

Kritik soll immer unter vier Augen erfolgen.

Nicht die Person, sondern den Fehler kritisieren (nur wichtige).

Kritik darf nie vernichtend sein. Achten Sie also auf die Verletzlichkeit des Kritisierten.

Kritik darf nicht gespeichert werden, sondern soll umgehend erfolgen.

Der Kritisierte muss die Möglichkeit haben, Stellung zu nehmen und sein Verhalten zu ändern.

Der Kritiker darf nie im Zustand der Verärgerung handeln und nicht laut werden.

Sprechen Sie die Kritik aus, anstatt jemand „links liegen zu lassen" und damit zu „bestrafen".

Sprechen Sie nie ein Kollektivurteil aus.

Ablauf eines Kritikgesprächs

Schaffen Sie eine **Kontaktbrücke.**
- Persönliche Wertschätzung
- Anerkennung des Geleisteten
- Angenehme Atmosphäre: Blick, Mimik, Gestik

Klären Sie den **Tatbestand.**
- Sachverhalt schildern lassen
- Fehler genau benennen/beschreiben

Suchen Sie die **Ursache** des Problems.
- Verhaltensweisen
- Wissen, Können, Engagement
- Äußere Einwirkungen

Hören Sie **Entschuldigungsgründe** an.

Suchen Sie gemeinsam **Korrekturmöglichkeiten.**

Beenden Sie das Gespräch positiv.

„Sie sind mein bestes Pferd im Stall. Sie machen den meisten Mist"

Illustration: Ernst Hürlimann/CCC

Treffen Sie eine **konkrete Vereinbarung,** wer, was, bis wann, wie berichtigt.

Kommen Sie nie mehr auf dieses Gespräch zurück, es sei denn, der Kritisierte bricht einen wesentlichen Punkt der Vereinbarung.

Verhaltensweisen des Kritisierten

Wenn Sie kritisiert werden, sollten Sie folgende Aspekte beachten:

Kritik als Hilfestellung akzeptieren

Aussagen interessiert anhören

Abwehr- und Ablehnungssignale vermeiden

Bereitschaft signalisieren, sein Verhalten infrage stellen zu lassen

Bestätigung dessen, was Sie akzeptieren können

Für das Übrige den eigenen Standpunkt begründen

Bitte um Verbesserungsvorschläge und daran mitarbeiten

Zusammenfassung des Verstandenen

Vereinbarung über das zukünftige Vorgehen

Absprache über gegenseitige Rückkopplung

Beispiel eines fehlerhaften Kritikgesprächs

Direktor Maier sucht in letzter Zeit öfter nach Unterlagen, findet sie jedoch nicht. Nach mehreren vergeblichen Suchaktionen erfährt er von dem Lohnbuchhalter Emsig, dass die Auszubildende Pfiffig, die im Rahmen ihres Ausbildungsverhältnisses als Kauffrau auch mit der Ablage von Schriftstücken beschäftigt wird, die Ablage umgestellt hat. Herr Maier habe seinerzeit der Umstellung zugestimmt, ohne sich jedoch die Zeit genommen zu haben, nach dem von Frau Pfiffig angestrebten Ablagesystem zu fragen.

Erbost über die seiner Ansicht nach von Frau Pfiffig bezeugte Eigenmächtigkeit ruft Herr Maier diese zu sich: „Frau Pfiffig, ich bin mit der Ablage überhaupt nicht zufrieden. Immer wieder suche ich bestimmte Schreiben, finde aber nichts, obwohl ich sowohl unter dem Namen des Adressaten als auch unter dem Firmennamen nachsehe. Augenscheinlich haben Sie eine andere Ablagetechnik angewandt, von der Sie, ich muss es zugeben, mich seinerzeit zwar unterrichten wollten, jedoch wegen meiner Terminfülle nicht informieren konnten. Die Handhabung ist mir also nicht vertraut. Ich muss Ihnen jedoch energisch sagen, dass ich Ihr Ablagesystem schon deshalb ablehne, weil in meinem Betrieb kein Mitarbeiter irgendwelche Konzeptionen anwenden darf, schon gar nicht eine Auszubildende. Ich ordne deshalb in aller Strenge an, dass Sie das Ablagesystem schnellstens nach meinen Wünschen, also nach dem Namen des Adressaten neu ordnen. So geht es nicht! Eigene Konzeptionen dürfen in Zukunft von Ihnen in meiner Firma nicht mehr realisiert werden! Ansonsten muss ich mir entsprechende Konsequenzen überlegen. Fangen Sie sofort mit der Neuordnung an! Sie müssen eine schnelle Umstellung schaffen um mich zu überzeugen! Sie können jetzt gehen. Ich habe zu arbeiten."

Aufgaben

1 Welche demotivierenden Fehler begeht Herr Maier?

2 Frau Pfiffig fühlt sich zu Unrecht getadelt und bittet Herrn Maier um ein Gespräch.

Bereiten Sie sich anhand der oben behandelten Anregungen auf das Gespräch vor und spielen Sie es mit Partnern durch. Achten Sie dabei besonders auf die Kommunikationsregeln (vgl. S. 48). Bitten Sie jemand, das Gespräch anhand der Kommunikationsregeln zu beobachten und zu beurteilen.

2.2.4 Beurteilen

Situation

Nach § 82 BetrVerfG hat jeder Arbeitnehmer Ansprüch darauf, dass die Beurteilung seiner Leistung mit ihm besprochen wird. Dieses Gespräch sollte folgende Ziele und Strukturen haben:

Wir wollen nicht ver- sondern beurteilen und be- und nicht verurteilt werden. Das Gespräch wird besser, wenn wir es nicht spontan führen, sondern den Inhalt und die Methode genau vorbereiten. Das Beurteilen hat mit dem Kritisieren den negativen Aspekt gemeinsam. Es unterscheidet sich aber darin, dass der Schwerpunkt auf der Suche und Betonung der positiven Eigenschaften liegt. Die folgenden Schritte haben sich bewährt:

Positive Atmosphäre schaffen: Dank für bisher geleistete Arbeit.

Positive Leistungen und Verhaltensweisen herausstellen: Wenn es verdient ist, soll der Mitarbeiter gelobt werden.

Negativ erkannte Leistungen und Verhaltensweisen besprechen: Beanstandungen in taktvoller Art vorbringen.

Rechtfertigungen und Entschuldigungsgründe anhören: Einwände fixieren, Ursachen möglicher Fehlleistungen klären.

Maßnahmen zur Behebung von Mängeln gemeinsam erörtern: Hinweise auf Entwicklungsfähigkeit, Beratung über künftiges Vorgehen, Schulungsmöglichkeiten besprechen.

Gespräch in positiver Atmosphäre beenden: Den Beurteilten wissen lassen, dass man in ihn Vertrauen setzt und an Verbesserungen glaubt.

Aufgaben

Führen Sie mit einem Kollegen ein Gespräch, in dem Sie sein Verhalten und seine Leistungen beurteilen.

Bitten Sie eine dritte Person, den Beurteilungsbogen auszufüllen.

Beurteilungsbogen zum Beurteilungsgespräch	
Mit welchen Aussagen wurde Kontakt hergestellt?	
War die Atmosphäre freundlich entspannt?	
Wurden die guten Leistungen gebührend anerkannt?	
Hat der Beurteilende alle negativen Aspekte besprochen?	
Blieb die Kritik sachlich?	
Sind die Einwände protokolliert?	
Wurden Hilfen angeboten?	
Wurden sie angenommen?	
Ist es gelungen, den Beurteilten zu motivieren?	
Ist das Gespräch positiv ausgeklungen?	

Welchen Gesamteindruck hatten Sie von diesem Gespräch?

a) von dem Beurteilenden

b) von dem Beurteilten

2.2.5 Streitgespräch

Situation

Bekanntlich enden viele Streitgespräche in persönlichen Beschimpfungen und Beleidigungen bis hin zu Schlägereien, obwohl es z.B. dabei nur um politische Sachfragen ging. Darum halten sich viele Menschen ganz aus dem Streitgespräch heraus oder sie sind mit allem einverstanden, auch wenn sie anderer Meinung sind. Was meinen Sie dazu?

Streit um den Streit	
„Der beste General ist derjenige, der niemals kämpft." (Sun-Tsu)	„Streiten verbindet." (Dr. Georg Bach)
Sun-Tsu meint also, dass ein kluger Mensch den Kampf vermeidet. Wer also kämpft, der ist nicht klug und schon gar nicht „der beste General". Der beste General zeigt dem Feind seine Stärke, warnt ihn dadurch vor einem Angriff und damit vor einem Krieg.	Zu dieser Erkenntnis kommt der bekannte amerikanische Forscher Georg Bach, der viele Trainings zur Streitkultur geleitet hat. Streiten ist positiv, weil nur im Streit die aggressiven Verhaltensweisen abgebaut werden. Wenn Partner nicht streiten, dann bleiben die Motive erhalten und vergiften die Atmosphäre. Verdrängtes kommt zur Unzeit wieder hoch, bis sich das Gewitter entlädt.
Sollten wir also als kluge Generäle im Lebenskampf streiten – kämpfen – oder was sonst?	

Aufgabe

Wägen Sie die zwei Zitate zum Streiten gegeneinander ab.

Ziele und Mittel

Entscheidend ist nicht die Sachfrage, wie sehr viele meinen. Entscheidend sind die Fragen:

Mit welchem Ziel streiten Sie? Besteht das Ziel darin, den Feind zu vernichten, dann lehnen wir den Kampf oder Streit ab. Das gilt in der Wirtschaft und im Sport. Es geht im Streit nur darum, den Streitgegner zu besiegen.

Welche Mittel setzen Sie dafür ein? „Im Krieg sind alle Mittel recht", denken viele. Im Streit dagegen dürfen nur faire Mittel eingesetzt werden.

Machen Sie nach dem Streit ein Friedensangebot.

Vorher

Nachher

Das Problem liegt nicht im *Inhalt* des Streitens, sondern in der *Methode,* also in der Streitkultur. Das oberste Gesetz dieser Kultur lautet: Bekämpfe nicht den anderen Menschen, sondern nur den *Gegner* in ihm. Sieh allenfalls den *Gegner* in ihm, den du besiegen willst – nie den Feind, den du vernichten musst! Die Kultur des Streitens erfordert also eine harte, aber faire und sachgerechte Auseinandersetzung. Ziel ist nicht der schnelle Kompromiss oder gar das Nachgeben einer Seite, sondern das Austragen des Konflikts. Die Dichterin Ebner-Eschenbach meint dazu in ihren Aphorismen: „Der Gescheite gibt nach, eine traurige Wahrheit: Sie begründet die Weltherrschaft der Dummheit." Wir wollen niemandem zumuten, dumm zu sein.

Ein Konflikt ist keine Katastrophe, auch kein „Sündenfall", sondern eine ganz normale Situation. Sie entsteht, wenn Menschen unterschiedliche Ziele, Motive, Bedürfnisse haben, die sich ganz oder teilweise ausschließen. Je mehr Menschen zusammenleben, desto mehr Konflikte sind zu erwarten. Je unterschiedlicher die Bedürfnisse sind, desto heftiger sind meistens die Konflikte.

Abwehrmechanismen

„Nur keinen Streit vermeiden." So lautet ein ironisch gemeintes Sprichwort. Werden die Konflikte nicht ausgetragen, gibt es viele Reaktionen, also Abwehrmechanismen:

Aggression (Angriff): Jemand „rächt" sich direkt am „Schuldigen" und schädigt ihn. Andere suchen „Sündenböcke". Sie reagieren sich indirekt an Unbeteiligten ab.

Rückzug, Regression: Manche brechen den Kontakt mit der Umwelt ab und ziehen sich in den Schmollwinkel der „emotionalen Isolation" zurück.

Kompensation: Hier werden Ersatzziele gesucht.

Konversion: Unbewältigte Erlebnisse führen zu Krankheiten. Jemand „feiert krank".

Rationalisierung: Es ist die Entschuldigung von Misserfolgen und Scheinargumenten: „Die Trauben sind mir zu sauer", sagt der Fuchs.

Trotzreaktionen: Das ist ein unbewusst ablaufender passiver oder aktiver Widerstand.

Überkonformität: Im „Dienst nach Vorschrift" werden Erwartungen kopfnickend befolgt.

Konstruktive Veränderung: Durch Aktivitäten wird der Anlass verändert.

Frustrationstoleranz: Jemand lernt Rückschläge zu „verdauen".

Aufgabe Welche Bedeutung sollen Gegenstand, Ziel und Mittel im Streit haben?

Methoden der Reaktion

Tatsachen: Über Tatsachen sollte ich nicht streiten, die muss ich durch Erfragen oder Nachschlagen erkunden und beweisen. „Stimmt es, dass es etwa 81 Millionen Deutsche und nur etwa 55 Millionen Franzosen gibt?"

Alternativen aufzeigen: Manchmal sind Ziele unstrittig: „Wir sind uns einig, dass ..." – Manchmal aber sind sie umstritten: Hat die Beseitigung der Arbeitslosigkeit oder die Geldwertstabilität Vorrang?

Argumente abschwächen: Wir können die Unfallgefahren mildern, aber nicht beseitigen.

Gegenargumente anführen: Die Abschaffung der grünen Welle in Heidelberg macht die öffentlichen Verkehrsmittel zwar attraktiver, aber sie erhöht durch viele Staus den Stress, den Benzinverbrauch und damit die Luftbelastung.

Ursachen bestreiten: Die Folgen sind zwar wichtig, aber die Ursache ist frei erfunden.

Vergleichen: Die Vorschläge des Gegners sind zwar theoretisch gut, aber in der Praxis nicht zu verwirklichen.

Glaubwürdigkeit bezweifeln: „Sie lieben Tiere wie Menschen. Andererseits essen Sie zwar Rindfleisch, aber kein Menschenfleisch."

Kontern: Sie sind für höhere Löhne und wundern sich, dass viele Betriebe aus Kostengründen ins Ausland abwandern.

Aufgabe Nennen Sie mindestens vier Methoden der Reaktion auf das Verhalten dieses „Sonderlings".

Illustration: Walter Hanel/CCC

Ablauf

Beim Streitgespräch sollten Sie die folgende Strategie beachten:

Freude ausdrücken, mit diesem Partner sprechen zu können.

Gedanken äußern, denen die Gegner zustimmen: Gemeinsame Ziele finden.

Umso freundlicher sprechen, je unterschiedlicher die Standpunkte sind.

Vertrauen erwecken.

Vorzüge der gegnerischen Ansichten schildern.

Interesse an Alternativen wecken: „Kann es nicht auch so sein, dass ...?“.

Eigene Überzeugung darstellen.

Beweise dafür liefern.

Zusammenfassen des Gesagten.

Auffordern oder bitten zuzustimmen.

Aufgaben

Die Beschwerden der Kunden häufen sich. Der Direktor einer kleinen Firma mit 40 Mitarbeitern kann sich den vielen Ärger mit seinen Mitarbeitern nicht mehr erklären: Anrufe werden nicht mehr notiert, versprochene Rückrufe unterbleiben, Vereinbarungen werden vergessen. Solche Versäumnisse können eigentlich nur passieren, wenn Mitarbeiter faul oder desinteressiert sind. Einen Führungsfehler will sich Direktor Weil freilich nicht eingestehen.

Um diese Mängel sofort abzustellen, zieht der Direktor nahezu alle Arbeiten an sich und kontrolliert seine Mitarbeiter bis ins Kleinste. Insgeheim fragt er sich, ob er wirklich zu hohe Anforderungen stellt oder ob er nur eine schlechte Hand bei der Auswahl des Personals gehabt hat. Anlässlich eines Gesprächs mit Kollegen über Personalführung überlegt er, was er besser machen kann.

Führen Sie ein Gespräch zwischen Direktor, Personalrat, Abteilungsleiter, Mitarbeiter und Personalchef. Leitung: ein Außenstehender. Teilen Sie die Rollen untereinander auf.

Thema: Die scheinbar Faulen

1 Welche Gesprächsform ist angemessen?
2 Welche Ziele haben Sie jeweils in der Rolle der o. g. Personen?
3 Welche Erkenntnisse haben Sie am Ende des Gespräches gewonnen?

2.2.6 Verkaufsgespräch

Situation

Sie betreten die Abteilung Herrenoberbekleidung und möchten sich einen Anzug kaufen. Hinter einer Kleiderstange sortieren zwei Herren Jacken ein und aus. Nach einigen Minuten bemerkt Sie der eine, unterbricht mürrisch seine Arbeit und fragt von der Seite her: „Was möchten Sie?“, obwohl er doch sehen muss, dass Sie gerade einen Anzug in der Hand halten. Sie haben das unangenehme Gefühl zu stören. Eigentlich möchten Sie wieder gehen, weil hier offenbar die Atmosphäre nicht stimmt.

Der Kunde ist eine wichtige Persönlichkeit. Er hängt nicht vom Verkäufer ab. Es ist eher umgekehrt, denn der Kunde findet sicher beim Mitbewerber eher einen Anzug als der Verkäufer diesen Kunden. Der Kunde ist ein Mensch, der geachtet werden möchte und unsere Achtung verdient. Er ist keine Unterbrechung, sondern erwünschter Partner unserer Arbeit. Unsere Mitmenschen sind meistens sensible Wesen, die spüren, was wir von ihnen halten, und sie reagieren darauf. Wir tun es umgekehrt ja genauso.

Aufgabe

Führen Sie mit einem Kollegen/einer Kollegin ein Verkaufsgespräch in einer Jeans-Boutique. Achten Sie dabei besonders darauf, die Wünsche des Kunden zu ermitteln und sorgfältig mit ihm umzugehen. Eine dritte Person beobachtet dieses Gespräch. Alle drei Teilnehmenden sollen danach den Gesprächsverlauf aus ihrer Sicht beurteilen.

Die Verhaltensweisen des Verkäufers

Er verkauft nicht nur Waren und Dienstleistungen; er verleiht nicht nur Kapital, vermietet z.B. Autos, Hotelbetten oder Sitzplätze im Theater. – Er verkauft Ideen, seine Kenntnisse, Fähigkeiten und Fertigkeiten – sich selbst!

Von den vielfältigen Eindrücken, die er hinterlässt, werden vom Kunden registriert und gespeichert:

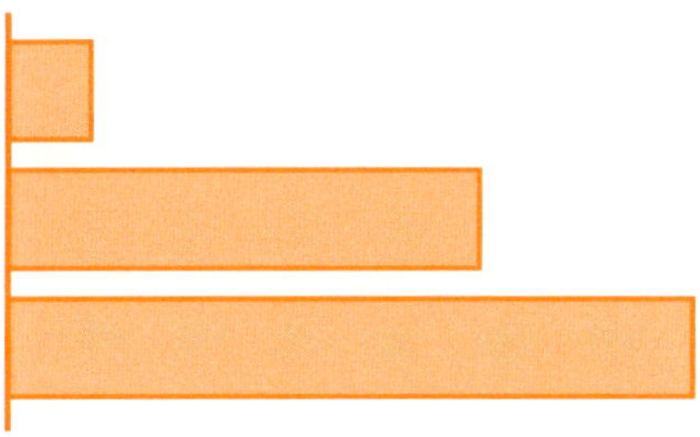

7 % der gesprochenen Worte

38 % Stimme/Tonfall

55 % Körpersprache (Blick, Mimik, Gestik, Haltung, Bewegung ...)

100 % alle Eindrücke

Peter Ebeling, einer der erfolgreichsten Verkaufstrainer, leitet daraus die Erfolgsformel ab:

Erfolgsformel: $E = \frac{W}{2} \cdot V^2 \Longrightarrow \text{Erfolg} = \frac{\text{Wissen}}{2} \cdot \text{Verhalten}^2$

Erster Eindruck von einem Verkäufer

Gehen Sie davon aus, dass diese vier Verkäufer Ihnen etwas verkaufen wollen und alle die gleichen Kenntnisse, Fähigkeiten und Fertigkeiten haben, ja Vierlingsbrüder sind. Von welchem würden Sie am wahrscheinlichsten etwas kaufen? Die meisten Menschen deuten auf den Verkäufer A.

Aufgaben

1 Die Menschen behalten durchschnittlich 30 % des Gesehenen. Was sehen die Leute an diesen vier Verkäufern am deutlichsten?

2 Um die Wichtigkeit des Verhaltens zu verdeutlichen, errechnen Sie anhand der o. g. Formel den Erfolg verschiedener Mitarbeiter. Alle haben „Zensuren" für ihr Wissen und Verhalten bekommen. Je höher die Zahl, desto erfolgreicher sind sie.

Verkäufer	Wissen	Verhalten	Erfolg
A	2	6	
B	2	4	
C	2	3	
D	5	2	

Verhaltensweisen	
positive	**negative**
er/sie lächelt schaut mich an	wirkt großmäulig, streng, traurig. schaut an mir vorbei schaut durch mich hindurch schaut zu etwas schaut zu jemandem hat ausdruckslosen Blick …
geht flott	rennt geht schlacksig trippelt schlürft schlendert geht langsam …
bewegt sich natürlich	hektisch lahm fahrig nachlässig steif …
steht sicher	gebückt gebeugt einseitig hochnäsig …
begrüßt mich freundlich	ohne mich anzuschauen ohne die Hand zu geben
kommt auf mich zu	hält 3 m Abstand kommt mir zu nah wendet sich ab …
nickt mit dem Kopf	schüttelt den Kopf
ist korrekt gekleidet	übertrieben aufgemotzt sehr nachlässig altmodisch aufdringlich …

Verhaltensweisen *(Fortsetzung)*	
positive	**negative**
wirkt fröhlich heiter engagiert motiviert	missmutig schläfrig uninteressiert traurig …
hört zu	wirkt abwesend
vergisst nichts macht Notizen	vergisst alles notiert nichts
lässt mich ausreden	unterbricht mich

Das sind nur einige typische Beispiele aus dem fast unendlichen Schatz unserer Möglichkeiten.

Aufgabe

Nennen Sie mindestens sechs optisch wahrnehmbare Verhaltensweisen.

Rhetorische Mittel

Illustration: Metz & Schütz

Der gute Verkäufer ist der Überbringer von guten Nachrichten, mit denen er den Boden für erfolgreiche Gespräche vorbereitet.

Peter Ebeling

Gute Nachrichten	
für mich, den Kunden	**von sich und der Welt**
Wie geht es Ihnen? Geht es gut? Ich habe ein gutes Angebot für Sie. Er nennt mich beim Namen, Er kümmert sich um mich und mein Anliegen.	Heute ist ein schöner Tag. Morgen wirds noch schöner. Das Leben ist schön. Ich freue mich. Mir geht es gut. Sag ja und du kannst!

Sprachliche Aspekte

Der Verkäufer sollte die folgenden sprachlichen Aspekte beachten:

Person und Leistung des Kunden anerkennen (loben)

ausreden lassen, gut zuhören und wenig sprechen

Humor zeigen

Tatbestände zugeben

Rückfragen – oft fragen

Einwände ernst nehmen, echte und vorgespielte erkennen und Einwände möglichst vom Kunden beantworten lassen

wahr und glaubhaft sein und wirken

möglichst viel zustimmen

Vorteile für den Kunden nennen

Angebote machen

kurze Sätze bilden

nur bekannte Fremdwörter benutzen

positive Gefühle ansprechen

variationsreich sprechen

Passivform meiden

Gestik und Sprache müssen übereinstimmen

Gespräch positiv beenden

nächsten Termin vereinbaren

Vermeiden Sie direkte **Konfrontationen.** Gelegentlich müssen Sie Vorschläge ablehnen. Sie können natürlich hart „nein" sagen. Besser ist aber z.B. die Frage „glauben Sie nicht auch …?" Oder Sie verbinden die Forderung mit einer unerfüllbaren Bedingung. Lassen Sie kein Verkaufsgespräch zu einer Diskussion werden. Verliert Ihr Kunde, verliert er auch die Lust zum Kaufen und Sie obendrein den Käufer. Meiden Sie darum sorgfältig überhebliche, herabsetzende und aggressive Formulierungen.

Die richtigen Argumente sind sicher wichtig. Diese wachsen aber nicht auf steinigem, sondern nur auf gut vorbereitetem Boden, d.h. eine gute Vorbereitung auf das Gespräch ist Ihre Arbeitsgrundlage. Haben Sie alle Punkte beachtet, sollten Sie optimistisch sein und eine positive Atmosphäre verbreiten. Durch Ihr Wissen und Können befinden Sie sich in der Position, in der Sie agieren können, statt reagieren zu müssen.

Ohne Plan

Ein Mensch ohne Plan ist ein Schiff ohne Steuer.

Emil Oesch

Mit Plan

Sobald die Umwelt weiß, wohin du willst, wird die Welt zur Seite gehen und dich vorbeilassen.

Dale Carnegie

Gründe für die Zielsetzung

Sie können nicht alles auf einmal erreichen. Darum sollten Sie Prioritäten festlegen. Wenn wir uns keine Ziele setzen, dann tun das andere zu ihrem Vorteil. Ohne Ziele verlieren wir viel Zeit.

Vorbereitung eines Verkaufsgesprächs

Damit ein Gespräch gelingt, sollten Sie sich folgende Fragen schriftlich beantworten:

Wer ist der (sind die) Gesprächspartner (Vorinformation)?
Welches Ziel hat er (haben sie)?
Welches Ziel habe ich?
Mit welchen Argumenten kann ich mein Ziel erreichen?
Welche Einwendungen muss ich entkräften – und wie?
Wie trete ich auf: äußeres Erscheinungsbild, Motivation, Unterlagen?

Ablauf des Gesprächs

Für die Strategie eines erfolgreichen Verkaufsgesprächs gilt die AIDA-Formel:

Attention = Aufmerksamkeit erregen
Interest = Interesse wecken
Desire = Kaufwunsch wecken / Demonstration
Action = Handeln auslösen / Abschluss

Phasen des Verkaufsgesprächs	Beobachtungen
Aufmerksamkeit: Eröffnungsphase freundliche Begrüßung: Fröhlichkeit ausstrahlen angenehmes Gesprächsklima schaffen auf den Kunden zugehen bei Stammkunden fragen Sie nach Gesundheit, Familie, Interessengebieten Denken Sie nicht an die Firma, sondern an den Menschen.	
Interesse wecken: Vertrauensphase etwas Interessantes mitbringen Neugierde wecken Bedürfnisse und Bedarf erfragen Wünsche und Zusatzwünsche ermitteln Kaufmotive herausfinden	
Kaufwunsch wecken / Demonstration: Fachphase Angebot unterbreiten / demonstrieren Nutzen für den Kunden herausstellen: Ansehen – Gewinn – Sicherheit – Bequemlichkeit fachlich-sachliche Information, z. B. Preis-Leistungs-Verhältnis Einwände vorwegnehmen bzw. entkräften, z. B. durch Zugeständnisse, Verbesserungen, Preisnachlässe, Vergleiche, Lieferbedingungen, Service, Lebensdauer, Wertsteigerung Einverständnis / Zustimmung erzielen und Zustimmungssignale aufgreifen Preis zuletzt nennen	
Handeln auslösen / Abschluss Vertrag schließen für das Gespräch bedanken Kunden zu dem Abschluss beglückwünschen positive Auswirkungen für ihn aufzeigen ggf. neuen Termin vereinbaren verabschieden und bald gehen	

Auswertung des Gesprächs

Gehen Sie nicht von einem Gespräch sofort zum nächsten: Machen Sie sich Notizen auf einem vorbereiteten 4-Phasen-Schema nach der AIDA-Formel, in das Sie Ihre Beobachtungen eintragen und sich fragen, ob Sie alle wichtigen Punkte beachtet haben – und wie der Gesprächspartner jeweils reagiert hat. Vergessen Sie dabei nicht: Das Verkaufsgespräch beginnt nicht dann erst, wenn Sie sprechen, sondern bereits, wenn der Kunde Sie sieht.

Fallbeispiele

Dialog A

Zunächst ein nicht empathisch (einfühlsam) geführter Dialog:

Der Organisationsfachmann Kork stellt dem Abteilungsleiter Selg ein neues Kontrollverfahren vor und möchte erreichen, dass dieser es in seiner Abteilung einführt.

Kork: So, Herr Selg, dies ist das komplette Programm. Es ist äußerst sorgfältig ausgearbeitet und gründlich getestet. Wir wissen, dass es funktioniert, und ich möchte, dass Sie es ausprobieren.

Selg: Ich weiß nicht, Herr Kork, das ist nicht so einfach. Da muss vieles bedacht werden.

Kork: Finden Sie nicht auch, dass es eine gute Sache ist?

Selg: Es ist sicherlich ein interessantes Programm. Ich weiß aber nicht, ob ich es im Moment gebrauchen kann. Wir stehen sehr in Arbeit und haben keine Zeit für Experimente.

Kork: Aber das neue Programm benötigt viel weniger Zeit als das bisherige. Sie werden sofort feststellen, dass es echte Vorteile hat.

Selg: Kann schon sein, ich möchte es mir aber noch einmal in Ruhe überlegen.

Kork: Ich werden Ihnen die Vorteile noch einmal erläutern. Vielleicht war ich noch nicht deutlich genug.

Selg: Ich glaube, dass das Programm manchen Vorteil bietet, aber vielleicht funktioniert es in der Praxis nicht ganz so gut, wie es auf dem Papier steht.

Kork: Aber es hat sich doch schon in der Praxis bewährt. Jeder, der das Programm ausprobiert hat, findet es großartig.

Selg: Nun, ich will auch nicht sagen, dass das Programm nicht gut ist, nur vielleicht nicht für mich.

Kork: Es gibt nichts Besseres für Sie. Sie werden es bereuen, wenn Sie sich nicht dazu entschließen.

Selg: Das Risiko muss ich wohl auf mich nehmen.

Kork: Ich kann es nicht begreifen, warum Sie die Sache ablehnen.

Selg: Falls ich meine Meinung ändere, gebe ich Ihnen Bescheid.

Aufgabe

Schreiben Sie alle (etwa zehn) Redewendungen heraus, in denen Herr Kork das Gespräch falsch führt.

Dialog B: Fallbeispiel „Empathie"

Kork: Also, Herr Selg, das ist das komplette neue Programm. Es ist sorgfältig ausgearbeitet und es interessiert mich, was Sie davon halten.

Selg: So etwas haben wir schon einmal versucht, es hat nicht funktioniert.

Kork: Sie haben also eine schlechte Erfahrung gemacht?

Selg: Ja, vor einigen Jahren haben wir hier ein ähnliches Programm ausprobiert, doch wir hatten große Probleme mit der Umsetzung. Es gab Missverständnisse und Verwirrung in der Abteilung.

Kork: Sie glauben also, dass es Schwierigkeiten geben könnte?

Selg: Der damalige Plan war etwas anders. Vielleicht haben wir ihn auch zu schnell aufgegeben. Eins hat sich allerdings nicht geändert. Wir haben keine Zeit für Experimente.

Kork: Wenn ich Sie recht verstehe, glauben Sie, dass die Einführung des Programms viel Zeit in Anspruch nehmen würde?

Selg: Wir stecken bis zum Hals in Arbeit. Da lädt man sich nicht gerne noch etwas Neues auf.

Kork: Was meinen Sie, wie viel Zeit es erfordern würde, das Programm bei Ihnen einzuführen?

Selg: Etwa drei bis vier Wochen, bis es einigermaßen läuft. Was danach kommt, ist schwer zu sagen.

Kork: Halten Sie es für möglich, dass es Sie dann weniger Zeit kostet als bisher?

Selg: Hmm, könnte ich mir vorstellen, aber ein neues Programm kostet mich einfach zu viel Geld.

Kork: Sie meinen also, das Ganze wird zu teuer?

Selg: Zumindest am Anfang.

Kork: Und wie würde Ihrer Meinung nach das Verhältnis von Kosten zu Einsparungen nach einer Ubergangsperiode sein?

Selg: Wenn das Programm gut funktioniert, würde es sich mit Sicherheit bald amortisieren. Aber ich weiß nicht, wie lange es dauert, und das macht mich unsicher. Welche Erfahrungen gibt es denn in anderen Betrieben?

Kork: Sie entdecken im Laufe der Zeit immer neue Vorteile. Nach der Übergangsperiode braucht das Programm nur noch wenig Zeit.

Selg: Ich befinde mich hier aber in einer besonderen Situation. Nur weil es woanders funktioniert, kann ich hier kein neues Programm starten.

Kork: Sie haben ein völlig anderes System?

Selg: Das will ich nicht sagen. Aber Ihr Programm müsste erst auf die Bedürfnisse meiner Abteilung zugeschnitten werden.

Kork: Glauben Sie, dass das Programm mit einigen Änderungen von Ihrer Abteilung verwendet werden könnte?

Selg: Ja, das glaube ich schon. Es müssten nur ein paar Kleinigkeiten sein.

Kork: Hmm.

Selg: Ich möchte Ihnen das einmal zeigen, dann wäre es genau das Richtige für uns.

Aufgabe

Welche Regeln und Mittel hat Herr Kork angewandt, sein Ziel zu erreichen?

2.2.7 Konferenz

Illustration aus: Ebeling, Das große Buch der Rhetorik, S. 237

Eine Konferenz ist eine Zusammenkunft,
wo viele hineingehen
und wenig dabei herauskommt.

Werner Finck

Situation

Für Konferenzen werden jährlich Milliardenbeträge ausgegeben: Die Ziele sind unklar, Teilnehmer unvorbereitet, die Leitung nicht geschult. Es entstehen hohe Kosten, und außerdem geht wertvolle, teure Arbeitszeit verloren.

Problematik

Werner Finck hat Recht, wenn die Konferenz so abläuft, wie es Ebeling im obigen Bild darstellt. Derartige unergiebige Zusammenkünfte gibt es. Sie haben als Leiter/in eine ganze Reihe von Möglichkeiten um die in der Karikatur dargestellten Gefahren erst gar nicht aufkommen zu lassen. Voraussetzung einer sinnvollen Konferenz sind die folgenden Kriterien:

- klare Zielsetzung
- eindeutig formuliertes Thema
- Festlegung der Fragen/Besprechungspunkte
- Vorbereitung der Leiter und Teilnehmer

Zielsetzung

Wer vom Ziel nichts weiß, kann den Weg nicht haben,
wird im selben Kreis all sein Leben traben.

Christian Morgenstern

Soll die Konferenz wirkungsvoll sein, dann müssen wir uns also zunächst über das Ziel unserer Konferenz Klarheit verschaffen. Das Beste ist, Sie formulieren es schriftlich.

Mögliche Ziele einer Konferenz:

- Gegenseitige Information über den derzeitigen Stand und die nächsten Schritte
- Meinungs- und Willensbildung zur Problemlösung
- Beratung der Geschäftsleitung
- Koordination des Handelns
- Steigerung der Bereitschaft, im Team neue Ideen zu entwickeln
- Menschliche Kontakte zu schaffen und das Betriebsklima zu verbessern
- Meinungsverschiedenheiten offen auszutragen und abzubauen
- Als Erleichterung, sich mit den Entscheidungen zu identifizieren

Vorbereitungen

Inhaltliche Vorbereitung

Das Thema untergliedern

Genaue Tagesordnung erstellen

Wenige, aber gut vorbereitete Teilnehmer einladen (8–12)

Einen Leiter mit fachlicher und sozialer Kompetenz und einen Stellvertreter benennen

Einladung

Sie muss mindestens 14 Tage vorher schriftlich erfolgen. Achten Sie bei der Gestaltung auf die Regelung der Satzung oder Geschäftsordnung.

Inhalt der Einladung:

- Veranstalter
- Thema, Ziel, Tagesordnung
- Leiter
- Teilnehmer
- Termine und Dauer
- Ort mit Lageplan, Anfahrmöglichkeiten, Parkplatzangaben

Technische Vorbereitung

Raum: Beleuchtung, Belüftung, Heizung, Sitzordnung, Bestuhlung, Blumen

Materialien: Namensschilder schreiben und aufstellen, Tagesordnung auf die Plätze legen, Wegweiser beim Eingang anbringen

Medien: Unterlagen, Flipchart, Arbeitsprojektor

Absprachen: Pausenabsprache mit Service, Absprache mit dem Hotel, wenn die Konferenz außerhalb des Betriebes stattfindet, sonst mit dem Hausmeister.

Persönliches Handeln: Sie sind so gut vorbereitet, wie wir es auf den letzten Seiten dargestellt haben. Überlassen Sie nichts dem Zufall, seien Sie spätestens zwei Stunden vor Konferenzbeginn anwesend. Dort überprüfen Sie die Vorbereitungen und nehmen Kontakt zu allen Beteiligten auf. Sie begrüßen alle Teilnehmer, insbesondere Gäste, Referenten, Ihren Protokollanten sowie Hilfskräfte und machen sie miteinander bekannt. Seien Sie frühzeitig im Saal und eröffnen Sie pünktlich die Konferenz.

Durchführung der Konferenz

„Werte Herren, ich muss sagen, ich finde langsam Gefallen an dieser Art Konferenz. Hat noch irgendwer etwas gegen meine Vorschläge?“

Illustration aus: Kühn, Spezielle Betriebswirtschaftslehre, S. 264

Möglicher Ablauf

Anrede: „Liebe Frau Sommer“ (Referentin), liebe Kolleginnen und Kollegen ...“ oder „Liebe Mitglieder unserer Projektgruppe ...“

Begrüßung: „Ich begrüße Sie und heiße Sie herzlich willkommen.“

Beschlussfähigkeit feststellen: „Ich stelle fest, dass alle Betroffenen erschienen sind. Wir sind also beschlussfähig. Bitte vermerken Sie das im Protokoll.“

Eröffnung: „... und freue mich, dass wir alle zur Lösung unserer Probleme beitragen wollen.“

Thema: „Unser Thema lautet: Wie können wir unseren Umsatz steigern?“

Ziel: „Ziel unserer heutigen Konferenz ist es, den augenblicklichen Zustand zu analysieren, realistische Betriebsziele zu formulieren und Strategien zu entwickeln, mit denen wir die Ziele erreichen.“

Gliederung: „Ich schlage vor, das Thema in diese drei Schritte zu untergliedern:
Zustandsanalyse – Zielprojektion – Mittelwahl.“

Bitte um Genehmigung der Tagesordnung: „Gibt es dazu Wortmeldungen? Das ist nicht der Fall. Wer diesem Vorschlag zustimmen möchte, den bitte ich um ein Handzeichen.“ – Zustimmung

TOP 1 – Zusatzinformation: „Ich rufe den ersten Punkt auf und bitte zunächst Sie, Herr Lustig (Verkaufsleiter), uns die Ihnen zugegangenen Verkaufsberichte zu erläutern.“

Eröffnung der Besprechung: „Wer von Ihnen wünscht das Wort zu dieser Frage?“ Wortmeldungen – Besprechung ... „Ich fasse zusammen ...“

TOP 2: „Wir kommen zu Punkt 2 der Tagesordnung: Die Feststellung realistischer Planziele für unseren Absatz ... „Fassen wir die Ergebnisse dieses Punktes zusammen ...“

TOP 3: dgl.

Ergebnis formulieren: „Wir haben also die folgenden Handlungsziele erarbeitet: ...“

Abstimmung: „Wenn Sie diesem Ergebnis zustimmen wollen, dann bitte ich Sie um ein Handzeichen.“

Handzeichen – „Gegenprobe?“ – „Enthaltungen?“

„Der Antrag ist mit 10 : 1 Stimmen bei einer Enthaltung angenommen.“

Ausführung: Wer übernimmt die Ausführung der beschlossenen Maßnahmen? – Meldungen …

Dank: „Ich danke Ihnen für Ihre Mitarbeit."

Abschluss: „… und schließe die Konferenz. Gleichzeitig lade ich Sie zur nächsten am 30. des nächsten Monats ein. Ich wünsche Ihnen einen guten Heimweg und einen schönen Abend."

Aufgabe

Führen Sie eine Konferenz durch:
Nach der Eröffnung schlagen Sie ein Thema vor und lassen es von den Teilnehmern bestätigen. Dann behandeln Sie jeden Punkt bis zum Schluss.

Teilnehmer-Typen

① Streitsüchtige Sachlich und ruhig bleiben, nicht in Streit einlassen. Durch Teilnehmer widerlegen lassen.	**② Positive** Stütze der Konferenz: Ergebnisse zusammenfassen lassen, bewusst in die Diskussion einschalten.	**③ Alleswisser** Gruppe zu seinen Behauptungen Stellung nehmen lassen. Verunsicherungstechnik.
④ Redselige Zwischenredner: Taktisch unterbrechen. Redezeit begrenzen (30 Sek-Regel).	**⑤ Schüchterne** Leichte Fragen stellen. Das Selbstbewusstsein heben. Durch Lob verstärken.	**⑥ Ablehnende** Ehrgeiz wecken. Seine Kenntnisse und Erfahrung anerkennen und zunutze machen. Gemeinsames betonen. Positive Fragen. In die Verantwortung nehmen.
⑦ Dickfellige Uninteressierte: Nach seiner Arbeit und Meinung fragen. Beispiele aus seinem Interessengebiet bringen lassen.	**⑧ Erhabene** „Das hohe Tier": Keine Kritik üben!	**⑨ Ausfrager** Der schlaue Fuchs. Will Konferenzleiter reinlegen. Seine Fragen zur Stellungnahme an Gruppe weitergeben. Eingestehen von Fehlern.

Teilnehmerverhalten

Die **Interessen** der Teilnehmer sind teilweise mit denen des Leiters und des Betriebes identisch, teilweise weichen sie ab. Der Leiter möchte von allen das anstehende Problem gelöst bekommen und die Zustimmung der Teilnehmer erreichen. Einzelne Teilnehmer möchten sich profilieren, um eines Tages aufzusteigen. Im Extremfall missbraucht ein Teilnehmer die Konferenz als Forum, um „am Stuhl des Leiters zu sägen".

Die Teilnehmer haben folgende **Einflussmöglichkeiten:**

Sie können Anträge zur Geschäftsordnung stellen und damit den Verlauf des Gesprächs ändern, z.B. die Tagesordnung oder das Verfahren der Abstimmung und das Ende der Konferenz. Diese Anträge zur Tagesordnung werden dadurch angemeldet, dass der Antragsteller beide Hände hebt. Sie müssen vorrangig behandelt werden. Der Antragsteller darf dann aber keine Sachaussage machen.

Jeder entscheidet selbst, ob, wann und zu welcher Frage er spricht. Stets sollte er allerdings extreme Formulierungen vermeiden.

Alle sollten mit dem Wunsch teilnehmen, zum Erfolg der Konferenz beizutragen. Dazu sind einige **Verhaltensweisen** förderlich:

gründliche Vorbereitung
pünktliches Erscheinen
positive Grundhaltung
zuhören wollen
genaue Sachfragen stellen
kurz und anschaulich sprechen
andere ausreden lassen
ruhig und sachlich auftreten
beim Thema bleiben
Informationen geben
Killerphrasen vermeiden
sach- und personenbezogen sprechen
Gesichtspunkte anderer Teilnehmer aufgreifen
das Konferenzziel anstreben
Negativaussagen zugunsten positiver vermeiden
zu allen Teilnehmern sprechen

Illustration: Metz & Schütz

Aufgaben des Konferenzleiters

Ein Konferenzleiter sollte bei allen seinen Handlungen und Äußerungen neutral sein, da er von allen Teilnehmern akzeptiert werden muss. Er sollte möglichst nicht Vorgesetzter sein, sondern neutraler Außenstehender. Das erleichtert es den Teilnehmern, auch Ideen einzubringen, die von denen der Geschäftsleitung abweichen.

Illustration: Gerd Glück/CCC

Neben den genannten Vorbereitungen hat er folgende Pflichten wahrzunehmen:

Eine freie und heitere Atmosphäre schaffen sowie pünktlich beginnen

Vorschläge aufgreifen

Themenbereiche mit der Gruppe abgrenzen

Hauptthema in Unterthemen gliedern, Überleitungen schaffen und bei Abschweifungen zum Thema zurückführen

Motivieren und Impulse geben

Das Wort erteilen, evtl. auch entziehen, z. B. bei Dauerrednern und Störern, um alle Teilnehmer zu Wort kommen zu lassen

Zur fairen Diskussion auffordern und Kompromisse anbieten

Argumente und Gegenargumente einander gegenüberstellen und Teilergebnisse zusammenfassen

Jeden Beitrag ernst nehmen und keinen bewerten

Abstimmungsergebnisse formulieren und dem Protokollanten diktieren

Erfolgserlebnisse vermitteln

Ruhig und höflich die Konferenzordnung einhalten

Verhaltensweisen

Aufgaben

In einer süddeutschen Kleinstadt wunderten sich die Mitglieder der Gemeinderatsfraktion A, dass der Bürgermeister während der Stadtratssitzungen die Vertreter der Fraktion B viel häufiger zu Wort kommen ließ als sie, obwohl er ihrer Fraktion näher stand. Bei näherer Betrachtung stellten sie fest, dass die Vertreter der Fraktion B häufiger zustimmend nickten und applaudierten. Wenn der Bürgermeister sprach, dann sagten sie auch „jawohl", „sehr gut", „so ist es", „sehr richtig" und Ähnliches. Weil dies ein Redner gern hört und sieht, wandte sich der Bürgermeister dieser Fraktion häufiger zu. Dabei übersah er ungewollt die Wortmeldungen der Fraktion A. Als die Vertreter der Fraktion A das erkannte hatten, ahmten sie das Verhalten der anderen nach und übertrumpften diese noch.

1 Welche Reaktionen des Bürgermeisters sind am wahrscheinlichsten?

2 Wie hätte der Bürgermeister diese Situation vermeiden können?

Die wichtigsten Verhaltensweisen des Konferenzleiters sind:

Zu allen Blickkontakt halten.

Körperliche Zu- statt Abwendung und mehr auffordernde, beruhigende statt abwehrende Gestik zeigen.

Nicht stehen, sondern auf gleicher Ebene sitzen.

- **Neutralität:** Er ist neutraler Leiter, hat also die Rolle eines Moderators, der keine Meinung zu den strittigen Sachverhalten äußert. Macht er hier Fehler, dann ist er für die Vertreter der jeweiligen Gegenseite nicht mehr akzeptabel. Er stellt Anträge zur Abstimmung, macht aber keine Aussagen, wie er abstimmt. Ist er stimmberechtigt, dann sollte er für eine geheime Abstimmung sein.
- **Positive Hochachtung:** Dieses Verhalten erkennen Sie an wenigen Beispielen.

Kriterium	Formulierungen	
	Falsch	Richtig
Negativ – positiv	Sie bedauern diesen Fehler.	Als erfolgreiche Lösung schlagen Sie also vor …
Rückblick – Ausblick	Bisher hatten Sie …	Sie wollen in Zukunft …
Verbot – Bitte	Das dürfen Sie aber nicht …	Bitte machen Sie …
Angriff – Kooperation	Von faulen Mitarbeitern müssen Sie sich trennen.	Sie suchen also engagierte Kollegen.
Pessimismus – Optimismus	Das Glas ist halb leer.	Das Glas ist halb voll.
Ichform – Wirform	Ich sage hiermit …	Wir sehen also …
Einengend – erweiternd	Reden Sie keinen Unsinn!	Bitte, kommen Sie zur Sache!
Autoritär – demokratisch	Ich sehe nur eine Lösung.	Welche Lösungen sehen Sie?

Aufgabe

Berichtigen Sie die folgenden Formulierungen:
Wir haben diese Fehler gemacht.
Dieses Verhalten ist falsch.
Dummschwätzer haben hier nichts verloren.
Ich habe mich für folgende Lösung entschieden.

2.2.8 Verhandlung

Situation

Sie gehen als Käufer gut vorbereitet in eine Verhandlung und möchten unbedingt ganz bestimmte Ziele erreichen. Ihr Verhandlungspartner hat aber teilweise genau entgegengesetzte Ziele, z. B. der Verkäufer im Preis. Sie fragen sich, wie Sie sich in diesen Fällen in einer Verhandlung verhalten sollen, denn Argumente sind nur eines von vielen Mitteln in einem solchen Gespräch.

Bei allen schwierigen Verhandlungen sollte man nicht damit rechnen, sofort nach der Saat zu ernten; man muss die Sache vorbereiten und sie allmählich reifen lassen.

Sir Francis Bacon

Vorbereitung

Wir bereiten also „die Sache vor", wie Bacon es vorschlägt. Dazu gehören mehrere Aspekte:

Wir setzen uns Ziele. Wir müssen die Ziele unserer Firma genau kennen. Kennen Sie die Ziele Ihrer Firma? Bitte schreiben Sie sich diese in Stichworten auf. „Die Ziele meiner Firma sind:"

Ziele:

Kurzfristige -: ______________________________

Mittelfristige -: ______________________________

Langfristige -: ______________________________

Welche potenziellen Kunden können wir gewinnen?

Welche Ziele haben Sie persönlich innerhalb der nächsten

5 Jahre? ______________________________

10 Jahre? ______________________________

30 Jahre? ______________________________

Welche Maximal- und Minimalziele habe ich? Ich möchte z. B. Abteilungsleiter/in werden, mindestens aber Gruppenleiter/in. Ich möchte mindestens 100,00 € mehr verdienen ... wöchentlich mindestens drei Autos verkaufen ... Dazu müssen wir **Argumente sammeln,** die unseren Anspruch begründen: Leistungsvermögen, bestandene Prüfungen, besuchte Seminare, in den letzten Monaten geleistete Arbeit/Verkaufszahlen.

Sehr hilfreich ist es, wenn Sie sich **in die Rolle des Verhandlungspartners versetzen** und Ihren Wunsch aus seiner Sicht sehen. Ihr Vorgesetzter wird Ihnen nur dann die höher dotierte Position geben, wenn sie zu vergeben ist und er keine(n) bessere(n) Mitarbeiter/in findet. Er zahlt Ihnen mehr als Ihren Kollegen/innen, wenn Sie mehr als diese leisten oder wenn er verhindern möchte, dass Sie zu einer anderen Firma oder Abteilung abwandern.

Bei der Aufnahme von persönlichem Kontakt und bei der Anbahnung von Verhandlungen ist das Wissen um die persönlichen **Vorlieben und Werthaltungen** des Gesprächspartners besonders wichtig. Die meisten Menschen sprechen gern über sich und das, was ihnen wichtig ist. Will ich mit einem Menschen ins Gespräch kommen und dann ins Geschäft, liegt doch als Einleitung ein Gespräch über das nahe, was ihm lieb und teuer ist, z.B. seine heiß geliebte Tochter, sein Pferd, Tennis oder die Jagd.

Sie können in einer Verhandlung nie mehr erreichen als das, **was der andere für seinen Vorteil hält,** was also seine Bedürfnisse sind. Suchen Sie also nur Vorschläge aus, die seinen Bedürfnissen entgegenkommen. Sie müssen die Bedürfnisse Ihres Vorgesetzten bzw. Ihrer potenziellen Kunden ermitteln. Dabei interessieren natürlich besonders diejenigen, die auf dem Markt als Bedarf auftreten, den wir dann befriedigen können.

Verhandeln heißt handeln. Das bedeutet, dass Sie z.B. einen Termin vereinbaren, Beweismaterial sammeln und mitnehmen und in der Verhandlung rückfragen, auch aktiv zuhören. Die Vorbereitung unserer Verhandlung erschöpft sich nicht darin, dass wir Sachverhalte erkunden, wir müssen auch möglichst alles Wichtige über die Personen erfahren, mit denen wir wichtige Verhandlungen führen. Wir gehen davon aus, dass diese Personen einen Entscheidungsspielraum haben. Ist dieser vorhanden, dann spielen persönliche Vorlieben und Abneigungen immer eine Neben-, oft sogar die Hauptrolle. Der Grund liegt einfach darin, dass jeder lieber mit einem Menschen verhandelt und bei ihm kauft, der ihm sympathisch ist. Sympathisch sind uns meistens diejenigen Menschen, die die gleichen Interessen haben, ähnliche Hobbys … Oder kaufen Sie lieber bei einem, der der gegnerischen Partei angehört?

Die Besonderheit des Verhandelns liegt darin begründet, dass wir es mit Geschäftspartnern zu tun haben, deren **Interessen** in einigen Aspekten unseren genau **entgegengesetzt** sind. Wir wollen z.B. möglichst teuer verkaufen – unsere Partner möchten so billig wie möglich einkaufen. Andererseits haben wir aber auch **gemeinsame Interessen:** Wir wollen verkaufen – unser Partner einkaufen. Wenn es sich um die gleichen Waren, Kapitalien oder Dienstleistungen handelt, bestehen gute Chancen, in Verhandlungen einzutreten und diese erfolgreich abzuschließen.

Verhandlungstaktik

Illustration: Metz & Schütz

Selten ist es ratsam, gegen Vorurteile und Leidenschaften frontal anzugehen.

Stattdessen ist es besser, mit ihnen scheinbar konform zu gehen, um Zeit für ihre Bekämpfung zu gewinnen.

Man muss gegen den Wind segeln und lavieren können, bis der Wind wieder günstig steht.

Fortune De Felice 1778

Unter Verhandlungstaktik verstehen wir all diejenigen Mittel, die wir einsetzen, um zu unserem Ziel zu kommen.

Wichtig ist z.B. der **Zeitpunkt** der Verhandlung. Beide Verhandlungspartner dürfen nicht unter Zeitdruck stehen.

Wir wollen zunächst eine **positive Atmosphäre** schaffen. Dazu gehört auch, dass wir die Erwartungen erfüllen, welche die Partner stellen. Diese können darin bestehen, dass wir fein herausgeputzt oder in Arbeitskleidung erscheinen.

Fast alle Menschen hören ihren **Namen** gern. Warum sollten wir ihnen diese Freude nicht machen? Sprechen Sie Ihren Verhandlungspartner mit Namen an.

Als taktisches Mittel sind „Sie-Argumente" fast immer besser als „Ich-Argumente" – z.B. „Sie möchten doch kaufen", statt „Ich möchte Ihnen ... verkaufen."

Wir sollten das **Geltungsbedürfnis** des anderen befriedigen, z.B. ihn und sein Tun loben, keine persönliche Kritik üben und jeden Streit vermeiden.

Wir stellen uns ganz auf den anderen ein, z.B. in **Sprache** und Geschwindigkeit des Sprechens.

Wichtig ist es, dem Gesprächspartner **Kompromissbereitschaft** zu zeigen.

Nur ein **guter Zuhörer** ist auch ein guter Verhandlungspartner. Wir lassen den Verhandlungspartner zuerst reden und bitten ihn seine Wünsche zu begründen.

Wir **reden wenig** und **fragen viel.** Dabei vermeiden wir möglichst das Wort „Nein", um keine Konfrontation entstehen zu lassen. – Dafür stellen wir oft Fragen, bei denen wir ein „Ja" erwarten.

Hilfreich ist es, die Punkte hervorzuheben, in denen wir **übereinstimmen.** Wichtige Punkte haben wir vorformuliert.

Einwände sollten wir schon vorweg nennen und entkräften. Bei Gegenvorschlägen erbitten wir eine **Begründung,** weil wir dabei die Hintergründe erfahren, die wir dann berücksichtigen können.

Blickkontakt ist mit das wichtigste Mittel erfolgreicher Verhandlung. Darum sollten wir ihn von der Begrüßung bis zur Verabschiedung nur ganz kurz unterbrechen.

Wir behaupten nur das, was wir **beweisen** können.

Wir achten darauf, die Verhandlung unbedingt in einem **positiven Klima** zu beenden, auch dann, wenn sie nicht erfolgreich war.

Aufgabe

Formulieren Sie fünf taktische Mittel der Verhandlung, z.B. „Wir stimmen auch in den folgenden Punkten überein ..."

Phasen der Durchführung

Jede Verhandlung wird mindestens von zwei Partnern beeinflusst, die sich im Grunde gleichberechtigt gegenübertreten. Es gibt bekanntlich keinen Leiter oder Moderator, der ordnend und steuernd ausgleicht. Trotzdem sollte jede Verhandlung in den folgenden vier Phasen verlaufen:

Eröffnung:
Begegnen sich die Verhandlungspartner zum ersten Male, dann beginnt der Prozess des Kennenlernens. Beide zeigen etwas von den Eigenheiten der eigenen Person. Sie äußern ihre Bedürfnisse, Wünsche, Erwartungen und stellen die angebotenen bzw. nachgefragten Produkte vor.

Analyse:
Jede Seite stellt ihre Ziele dar und möchte die Ziele der Gegenseite ergründen. Beide entwickeln eine Verhandlungsstrategie und stellen die Vorteile für die Gegenseite dar.

Lösungsversuch:
Beide Seiten versuchen, die eigenen Argumente zu untermauern und die fremden zu entkräften. Sie arbeiten die gemeinsamen Interessen heraus und suchen Möglichkeiten, der anderen Seite so weit entgegenzukommen, dass diese zustimmen kann. Sie suchen also einen Kompromiss. Dabei möchten sie natürlich die eigenen Bedürfnisse weitgehend befriedigen.

Ergebnis:
In dieser Phase gibt es drei Möglichkeiten: Ein Partner bricht die Verhandlung ab, beide vereinbaren eine Vertagung oder sie schließen einen Vertrag.

Nur diejenigen Verträge sind dauerhaft und werden immer wieder abgeschlossen, die einen Kompromiss enthalten. Was ist aber ein Kompromiss?

Illustration: Metz & Schütz

Ein Kompromiss, das ist die Kunst, einen Kuchen so zu verteilen, dass jeder meint, er habe das größte Stück bekommen.

Ludwig Ehrhard

Beispiel 1

I. Dialog

Mitarbeiter:	„Chef, kann ich Sie eine Minute sprechen?"
Chef:	„Bitte, wenn es um die Gehaltserhöhung geht, verschwenden Sie meine Zeit nicht. Die Antwort ist nein."
Mitarbeiter:	„Ich habe Sie noch gar nicht darum gebeten."
Chef:	„Sie brauchen mich nicht zu bitten. Es ist im Etat kein Geld dafür vorhanden."
Mitarbeiter:	„Aber Chef, meine letzte Aufbesserung liegt schon eineinhalb Jahre zurück."
Chef:	„Haben Sie nicht gehört, was ich sage? Dass kein Geld dafür vorgesehen ist? Habe ich mich jetzt klar ausgedrückt?"
Mitarbeiter:	„Ich habe genug von dieser Stelle. Ich werde mich nach einer neuen umsehen."
Chef:	„Tun Sie das!"

2. Dialog

Mitarbeiter: „Mir ist klar, dass gegenwärtig kein Geld dafür vorgesehen ist. Ich weiß, dass es nicht leicht für Sie ist. Ich erwarte ja nicht von Ihnen, dass Sie Geld aus dem Etat nehmen, um mein Gehalt zu erhöhen."

Chef: „Das erwarten Sie nicht?"

Mitarbeiter: „Nein, ich möchte Sie nicht unter Druck setzen. Ich weiß, dass Sie unter schwierigen Bedingungen Ihr Bestes tun."

Chef: „Das stimmt. Ich wünschte, ich hätte das Geld, aber ich habe es einfach nicht ... Was wollen Sie also?"

Mitarbeiter: „Ich möchte bloß ein paar Minuten Ihrer Zeit, wenn es Ihnen passt, um mit Ihnen zu besprechen, ob Sie mit mir zufrieden sind, was ich besser machen könnte und was ich dafür erwarten kann, da jetzt kein Geld im Etat vorhanden ist."

Chef: „Nun, das könnte ja nicht schaden. Kommen Sie morgen am Ende der Schicht zu mir und wir werden darüber reden. Aber bedenken Sie, eine Gehaltserhöhung ist ausgeschlossen."

Hier hat der Mitarbeiter zwar keine Gehaltserhöhung erreicht – aber die emotionale Basis dafür geschaffen und die Tür dafür offen gehalten. Dies nutzt er am nächsten Tag.

Fortsetzung des 2. Dialoges am nächsten Tag

Mitarbeiter: „Ich bin dankbar, dass Sie sich die Zeit nehmen. Ich habe darüber nachgedacht, was Sie bezüglich des beschränkten Etats sagten, mit dem wir es zu tun haben. Ich habe mich gefragt, ob ich irgendwie helfen könnte, Geld einzusparen, indem ich meine Arbeit anders mache oder zusätzliche Aufgaben übernehme. Ich habe schon ein paar Ideen, aber ich dachte, Sie haben vielleicht noch bessere. Wissen Sie, wie ich helfen könnte?"

Chef: „Hm, das ist eine interessante Frage. Lassen Sie mich überlegen ..."

Mitarbeiter: „Also, mir ist klar, dass ein Gehaltszuschlag im Moment nicht infrage kommt, aber wenn ich dafür sorgen kann, die Kosten deutlich zu reduzieren, könnten wir dann einen Teil der Einsparungen für einen Zuschlag verwenden, um die zusätzlichen Aufgaben abzugelten, die ich übernehme?"

Chef: „Hören Sie, ich weiß ja noch gar nicht, ob diese Pläne etwas bringen werden."

Mitarbeiter: „Wir könnten es ja davon abhängig machen – die Anhebung soll nur durch tatsächlich erzielte Einsparungen finanziert werden. Würde das Ihren Bedenken gerecht?"

Chef: „Aber ich werde diese Einsparungen auch benötigen."

Mitarbeiter: „Ich verstehe. Nur ein Teil der Einsparungen könnte für einen Zuschlag verwendet werden. Welchen Prozentsatz halten Sie für fair?"

aus: William Ury, Schwierige Verhandlungen, Frankfurt/M.

Illustration: Metz & Schütz

> ***Es ist nicht genug, zu wissen, man muss es auch anwenden;***
> ***es ist nicht genug, zu wollen, man muss es auch tun.***
>
> ***Goethe***

Aufgabe

Situation

Sie sind Vorsitzende des Vereins Frisch, Fromm, Fröhlich, Frei, Abteilung Frauengymnastik und möchten für die Sommermonate von der Stadtverwaltung jeden Mittwochmorgen den der Stadt gehörenden Sportplatz kostenlos zur Verfügung gestellt haben.

Ihr Verhandlungspartner ist der Sportreferent der Stadt, der in Verhandlung mit dem Männerturnverein steht. Das Ziel des Referenten ist es, den Platz an allen Wochentagen für insgesamt 500,00 € im Jahr zu vermieten.

1 Versuchen Sie im Gespräch Ihre Ziele mit guten Argumenten durchzusetzen. Bemühen Sie sich auch mit dem Einsatz aller seriösen verbalen Mittel.

2 Falls dies nicht zu erreichen ist, suchen Sie einen Kompromiss zu erreichen.
  a) Lösen Sie diese Aufgabe in einem Rollenspiel.
  b) Haben Sie keine Partner, dann schreiben Sie die Strategie der Verhandelnden in Stichworten auf.

3 Welchen Kompromiss können Sie beispielsweise erreichen?

Beispiel 2

Interview mit einem unerfahrenen Fußballspieler

Fußballer: Wie viele Männer gehören eigentlich zu einer Fußballmannschaft?

Antwort: Elf.

Fußballer: Und wie viele Bälle haben die?

Antwort: Einen.

Fußballer: Einen? Das ist ja wahnsinnig unergiebig!

Antwort: Die haben aber 'ne Menge zu tun! Die müssen den Ball doch ins Tor kriegen!

Fußballer: Na und?

Antwort: Na, da stehen doch die anderen davor …

Fußballer: Welche anderen?

Antwort: Die anderen elf.

Fußballer: Womit spielen die denn? Das ist doch alles völlig sinnlos!

Antwort: Nein, nein, die müssen den Ball ja auch ins Tor schießen!

Fußballer: Wieso, ich denke, die haben keinen Ball?!

Antwort: Das ist doch derselbe, Mensch!

Fußballer: Derselbe Mensch?

Antwort: Derselbe Ball!

Fußballer: Na, 22 erwachsene Männer werden doch wohl den einen lumpigen Ball in dieses blöde Tor schießen können!

Antwort: In zwei, in zwei Tore!

Fußballer: Aber man kann doch nicht gleichzeitig den Ball in zwei Tore schießen!

Antwort: Nein, nein, die einen wollen ja auch nur, dass der Ball in das andere Tor geht.

Fußballer: Und die einen wissen, dass die anderen den Ball in das eine Tor schießen wollen, während die anderen vermuten, dass die einen den Ball im anderen Tor benötigen?

Antwort: So ist es!

Fußballer: Sehen Sie, das ist wieder so ein kompliziertes Spiel für einen „unerfahrenen Fußballer"!!!

Aufgabe

Erklären Sie die Regeln des Fußballspiels oder die Regeln eines anderen Mannschaftssports einem „unerfahrenen" Gesprächspartner, z. B. Tennis.

Illustration: Metz & Schütz

3 Schriftliche Kommunikation

3.1 Dienstliche Schreiben

3.1.1 Bericht

Illustration: Metz & Schütz

Situation

Polizeibericht

Ein Autodieb, der wahrscheinlich unter Alkoholeinfluss stand, verursachte in der Nacht zum Freitag auf der Autobahn Köln – Frankfurt am Wiesbadener Kreuz einen schweren Verkehrsunfall, bei dem zwei Menschen getötet, zwei schwer und zwei leicht verletzt wurden. Polizeibeamte hatten den Fahrer eines als gestohlen gemeldeten Personenwagens stoppen wollen. Der Flüchtende, ein 34-jähriger Mann aus Moers, ignorierte jedoch die Absperrung und raste auf einen Wagen, der abgebremst hatte. Dieses Auto fing sofort Feuer. Zwei der insgesamt fünf Insassen konnten nicht mehr aus den Flammen befreit werden. Die übrigen Insassen erlitten leichte bis schwere Verletzungen. Der Unfallfahrer, dessen Fahrzeug ebenfalls in Flammen aufging, konnte zu Fuß flüchten, nachdem ihn Zeugen aus dem Auto befreit hatten. Erst acht Stunden später wurde er in der Nähe der Autobahn mit einer Kopfverletzung aufgefunden.

aus: Frankfurter Allgemeine, 10. Aug. 1994

Ziele

Der Bericht soll sachlich und klar über das Wesentliche eines einmaligen Ereignisses informieren. Sie sollen sich im Schreiben von Berichten üben. Dabei lernen Sie gleichzeitig, Berichte richtig zu lesen, und wissen besser, worauf es ankommt.

Inhalt

Wichtig bei einem Bericht sind folgende W-Fragen:

- Was ist geschehen?
- Wo ist es geschehen?
- Wer war beteiligt?
- Wann ist es geschehen?
- Wie ist es abgelaufen?
- Warum hat es sich ereignet?
- Welche Folgen hatte es?

Die Auswahl der dargestellten Einzelheiten hängt davon ab, für wen der Bericht bestimmt ist. Die Polizei benötigt z. B. bei einem Unfallbericht genaue Aussagen über Uhrzeit, Zeugen, Sicherheitsabstand, Geschwindigkeit. Der durchschnittliche Zeitungsleser interessiert sich mehr für die Zahl der Opfer und deren Verletzungen.

Darstellungsart

Viele Ereignisse werden als Bericht gefasst, z. B. Wetter-, Sprach-, Arbeits-, Schadensbericht.

Der technische Bericht beispielsweise ist eine knappe Darstellung von beobachteten technischen Fakten oder Ereignissen. Diese sollen möglichst durch Diagramme, Kurven und Tabellen untermauert werden. Um die Einheitlichkeit und Vollständigkeit eines Berichts zu erreichen, ist es sinnvoll, vorher eine Checkliste zu erarbeiten, in der alle wichtigen Aspekte enthalten sind, z. B. Größe, Druck, Umdrehungszahlen, Energieverbrauch.

Sprache

Sprachliche Merkmale eines Berichts sind eine knappe, sachliche Darstellung der Informationen. Sie sollen nur kurze informative Adjektive und Sätze benutzen. Verzichten Sie dabei auf jede Ausschmückung und Wertung. Die Angaben von Ort, Zeit, Ablauf und beteiligten Personen sollen Sie in der zeitlichen Reihenfolge darstellen.

Aufgaben

1 Beurteilen Sie den Polizeibericht:
   a) Welche Zeitformen benutzt der Autor in dem Bericht?
   b) In welcher Reihenfolge stellt er die Informationen dar?
   c) Welche W-Fragen beantwortet er in dem Bericht?

2 Schreiben Sie einen Bericht zu folgendem Sachverhalt:
   a) eine Veranstaltung, z. B. ein Schulfest, eine Wanderung,
   b) ein Arbeitsablauf, z. B. Reifenwechsel.
   c) Schreiben Sie einen Bericht über das Leben des Mannes, das in der Bildergeschichte auf der nächsten Seite dargestellt ist.

Illustration: Martin Guhl/CCC

3.1.2 Aktennotiz

Situation

Frau Schnell ruft an, um uns über die gewünschten Preise und Lieferzeiten zu unterrichten. Kurz danach erhalten wir ein Lieferangebot von Frau Klug mit ähnlichem Inhalt. Wenn wir am nächsten Tag bestellen, müssen wir diese Daten haben, die wir der jeweiligen Aktennotiz entnehmen, denn sie dient uns nicht nur als Gedächtnisstütze, sondern hat auch eine nachweisende Funktion. Daher werden Ergebnisse von Telefongesprächen, Besprechungen, Aufträgen und Stellungnahmen in Kurzfassung festgehalten, am besten auf einem Formblatt: Formale Anforderungen sind die Angaben des Datums und der Gesprächsteilnehmer.

1. Aktennotiz

Besprechung mit:	—
Telefonanruf von:	Frau Schnell, Fa. Neu, Tel.: 069–0815
Datum:	01.03.2002
Zeit:	10:00 Uhr
Thema:	Angebot: 1.000 m XY-Kabel für 500,00 €
Ergebnis:	Angebotspreis verhandelt, ursprüngliches Angebot lag weit darüber. Preis erscheint immer noch zu hoch.
Unterschrift:	*Schuhmann*

2. Aktennotiz

Besprechung mit:	—
Telefonanruf von:	Frau Klug, Fa. Alt, Tel.: 0123–4711
Datum:	01.03.2002
Zeit:	11:00 Uhr
Thema:	Angebot: 2.000 m XY-Kabel für 950,00 €
Ergebnis:	Lieferant ist für Zuverlässigkeit bekannt. Preis sehr gut. Fazit: Bestellen!
Unterschrift:	*Schuhmann*

3. Aktennotiz

Besprechung mit:	Herrn Sauer
Telefonanruf von:	—
Datum:	01.03.2002
Zeit:	10:00–11:00 Uhr
Thema:	Kuraufenthalt
Ergebnis:	Herr Sauer wird vom 01.04.–31.07.2002 beurlaubt.
Unterschrift:	*Schuhmann*

3.1.3 Protokoll

Nachdem Sie vier Wochen Mitglied der Geschäftsleitung sind, erhalten Sie Ihre Einladung zur ersten Konferenz mit der Bitte, als jüngstes Mitglied Protokoll zu führen. Worauf müssen Sie dabei besonders achten?

Situation

Ziele

Mündliche Verhandlungen oder Besprechungen sollen schriftlich festgehalten werden. Durch Protokolle werden rechtswirksame Unterlagen geschaffen. Sie dienen folgenden Zwecken:

Information für alle Interessierten, die von den Beschlüssen betroffen sind.

Dokumentation und Erinnerung für die folgenden Sitzungen.

Unterlagen für den **Geschäftsbericht.**

Urkunde als Grundlage für **Rechtsgeschäfte,** z.B. Veränderung der Statuten, Ernennung eines Bevollmächtigten, Eintragung ins Handelsregister.

Beweismittel für die Rechtsgültigkeit, z.B. von Beschlüssen, Erteilung von Kompetenzen, Aufträgen.

Arten

Es gibt das Verlaufs-, Ergebnis- und das Gedächtnisprotokoll. Ziel und protokolliertes Ereignis bestimmten Inhalt und Art.

Gedächtnisprotokoll: Es dient als Gedächtnisstütze. Gesprächsinhalte werden dokumentiert.

Verlaufsprotokoll: Das Protokoll vermittelt den Ablauf der Besprechung, sodass jeder den Diskussionsverlauf nachvollziehen kann. Alle Arbeitsschritte werden dokumentiert, sachliche Thesen, Argumente, Einwände und Erklärungen werden in zeitlicher Reihenfolge dargestellt. Es enthält Zwischen- und Endergebnisse.

Ergebnisprotokoll: Hier werden nur die Arbeits- und Gesprächsergebnisse festgehalten. Ist eine Abstimmung erfolgt, wird das Abstimmungsverhältnis aufgeführt. Dadurch wird die Gültigkeit von Entscheidungen nachgewiesen. Es wird bei Verhandlungen geführt, bei Dienstbesprechungen, Konferenzen, polizeilichen Vernehmungen, bei Gerichts- und Mitgliederversammlungen von Vereinen. Nur die erzielten Ergebnisse werden protokolliert. Der Wortlaut von Entscheidungen ist dann erforderlich, wenn es sich um Anträge und Beschlüsse handelt.

Inhalt

Wegzulassen sind folgende Aspekte:

- Einleitung
- Abschweifungen
- Wiederholungen
- Selbstverständlichkeiten
- Vertrauliche Aussagen
- Verletzende und demütigende Formulierungen
- Bei Meinungsänderungen die überholte Aussage
- Meinung des Protokollführers, der Protokollführerin

Aufbau

Aufzunehmen sind aber alle wesentlichen formalen und inhaltlichen Aspekte:

- Ort und Zeit der Veranstaltung
- das Sitzungsdatum
- Themen bzw. Tagesordnung
- Ergebnis
- die Unterschrift des Protokollführers und des Leiters der Sitzung

Besprechungsprotokoll Nr. 12

Sitzung der Direktion

Ort:	Konferenzraum 1
Datum:	01.10.2001
Uhrzeit:	09:00–10:00 Uhr
Anwesenheit:	Siehe Anwesenheitsliste
Tagesordnung:	Siehe Anlage

Beschluss:

TOP I:	Das Verwaltungsgebäude soll um ein Stockwerk erweitert werden. Alle notwendigen Verhandlungen und Bauanträge übernimmt Herr Weis.
TOP 2:	Für die Anwerbung und Einstellung neuer Mitarbeiter ist Herr Hase zuständig.
TOP 3:	Die Finanzierung liegt in den Händen von Herrn Eiche.

Heidelberg, 01.03.2002

Dr. Klug	*Schuhmann*
Vorsitzender	Protokollführer

Aufgaben des Protokollführers / der Protokollführerin

- Vorbereitung: Er/sie informiert sich über Geschäftsordnung, Tagesordnung, Teilnehmerliste, Sitzordnung.
- Er/sie notiert alle wichtigen Aussagen (Anträge und Beschlüsse wörtlich). Wenn nötig bittet er/sie, diese zu diktieren.
- Er/sie kümmert sich um die Teilnehmerliste.
- Er/sie macht den Vorsitzenden aufmerksam, wenn ein Punkt der Tagesordnung übersehen, nicht abgeschlossen oder ein notwendiger Beschluss nicht gefasst wurde.
- Er/sie erarbeitet die Reinschrift in Themenbereiche gegliedert unmittelbar nach der Sitzung, unterschreibt und besorgt die Unterschrift des Vorsitzenden.
- Er/sie kopiert dieses Protokoll und verteilt dieses an alle Beteiligten und Betroffenen.
- Bei regelmäßig wiederkehrenden Veranstaltungen mit dem gleichen Teilnehmerkreis werden Protokolle in der nächsten Zusammenkunft mit oder ohne Vorlesen bestätigt. Änderungen bedürfen der Zustimmung der Mehrheit.

Sprache

- Verläufe in der Vergangenheit (Präteritum) schildern.
- Wörtlich zitierte Beiträge in indirekter Rede wiedergeben.
- Anträge und Beschlüsse wörtlich zitieren.
- Ergebnisse in der Gegenwart (Präsens) darstellen, genaue Ausdrücke verwenden, z.B. er sagte, meinte, bewies, begründete, schlug vor, bat, lenkte ab, regte an, bestimmte, entschied, stellte zur Diskussion.

Aufgaben

1 Erstellen Sie aus Ihrem Gedächtnis das Protokoll über eine Besprechung, an der Sie teilgenommen haben.

2 Schreiben Sie ein Protokoll über eine Unterrichtsstunde.

3 Führen Sie Protokoll über die Hauptversammlung Ihres Vereins.

Illustration: Metz & Schütz

3.1.4 Geschäftsbriefe

Situation

Herr Krüger schreibt aus dem Krankenhaus an seine Versicherung den Brief auf Seite 97.

Aufgabe

Kürzen Sie den Brief auf die Aussagen, die für die Krankenversicherung wichtig sind. Ergänzen Sie fehlende Angaben.

Wim Krüger
Postfach 13
64230 Darmstadt

An die
Mannheimer Versicherung
Postfach 1

68123 Mannheim

Sehr verehrte Versicherung!

Nachdem ich nun im Krankenhaus bin und wieder schreiben kann, muss ich Sie, verehrte Versicherung, bitten, meinen Unfallschaden wie folgt aufzunehmen: Ich hatte vom Bau meines kleinen Häuschens noch Backsteine übrig und diese wegen der Trockenheit auf dem Speicher gelagert. Jetzt wollte ich aber ein Hühnerhaus bauen und dazu die da oben gelagerten Steine verwenden. Dazu erdachte ich mir folgende Maschinerie: Der Speicher hatte an der Hauswand eine Tür, woraus ich einen Balken verankerte und daran ein Bälkchen mit einer Rolle, wodurch ich ein Seil laufen ließ. An dem Seil hatte ich eine Holzkiste befestigt, die ich dann hinaufzog. Das Seil hatte ich dann unten an einem Pflock festgebunden. Jetzt bin ich hinaufgegangen und habe die Steine in die Kiste geladen. Dann bin ich wieder hinuntergegangen und wollte die Steine in der Kiste an dem Seil langsam herunterlassen.

Ich band das Seil los, hatte aber dabei nicht daran gedacht, dass die Steine in der Kiste schwerer waren als meine Person. Als ich bemerkte, dass die Steine so schwer waren, hielt ich das Seil ganz fest, damit die Steine nicht herunterstürzten und kaputtgingen, denn die brauchte ich ja für mein Hühnerhaus. So ist es dann geschehen, dass mich die Steine an dem Seil nach oben zogen, wobei mir die Kiste die linke Schulter aufgerissen hat, als wir uns in der Mitte begegneten. Ansonsten bin ich gut an der Kiste vorbeigekommen. Habe aber oben mir meinen Kopf angestoßen, und zwar erst an dem Bälkchen und dann an dem Balken.

Trotzdem hatte ich aber das Seil festgehalten, damit ich nicht hinunterfalle. In demselben Augenblick ist aber die Kiste mit den Steinen unten auf dem Boden angelangt, durch den heftigen Aufprall ist der Boden herausgebrochen, und so konnte es geschehen, dass die Kiste wieder leichter wurde als ich. Die Folge davon war, dass ich als der schwerere Teil wieder nach unten sauste und die Umrandung der Kiste nach oben, wobei wir uns wieder in der Mitte begegneten. Dabei schrammte mir der Kistenrest die rechte Schulter. Als die Kiste oben war, fiel ich unten so unglücklich auf den Boden, dass ich mir das rechte Bein gebrochen habe und sofort in Ohnmacht fiel. Nur dadurch konnte es geschehen, dass ich das Seil losließ, was wiederum bewirkte, dass die Kiste, allerdings ohne Boden, wie eine Birne von oben auf mich herabfiel und mich so unglücklich traf, dass ich demnächst oben und unten ein Gebiss angepasst bekomme.

Dass der Schaden nicht noch größer geworden ist, verdanke ich Ihrem Versicherungsagenten, bei dem ich eine Unfallversicherung unterschreiben musste und zu der ich nach Wiederherstellung meiner Gesundheit und meiner Zähne die Rechnung einreichen werde. Wenn Sie diese dann beglichen haben, werde ich Sie in unserem Dorf weiterempfehlen.

Hochachtungsvoll

Wim Krüger

Geschäftsbriefe nach DIN 5008

Auch heute noch müssen Sie immer wieder mit Ämtern, Behörden und Firmen schriftlich in Kontakt treten, wenn Sie etwas mitteilen, bestellen, mahnen oder Termine absprechen möchten. Für den geschäftlichen Schriftverkehr gibt es Regeln und Normen, die im DIN-Blatt 5008 festgelegt sind. Folgender Musterbrief zeigt den korrekten formalen Aufbau eines Geschäftsbriefes:

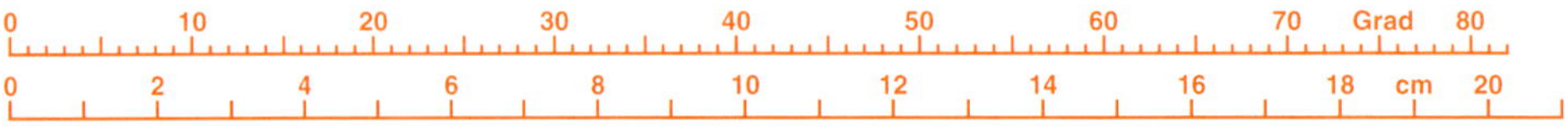

1 Heinz Frühauf
Auf der Ebene 5
89079 Ulm-Eggingen

2 2002-03-03

3 Handwerkskammer Ulm
Abteilung Ausbildungswesen
Olgastraße 72

89073 Ulm

4 Nachholen des praktischen Teils der Gesellenprüfung

5 Sehr geehrte Damen und Herren,

6 am 28., 29. und 30. November 2001 nahm ich an der Schulabschlussprüfung der Robert-Bosch-Schule in Ulm teil. Nach den Ergebnissen dieser Prüfung, die seit Anfang Dezember 2001 vorliegen und als theoretischer Teil der Gesellenprüfung übernommen werden, habe ich diesen Teil der Prüfung bestanden.

Am 25. Januar 2002 verunglückte ich mit dem Moped und brach mir dabei das linke Wadenbein. Da ich nicht stehen kann, ist es mir nicht möglich, am praktischen Teil der Gesellenprüfung Anfang Februar 2002 teilzunehmen. Bescheinigungen von folgenden Ärzten liegen bei:

7 Herrn Dr. med. Binder, Unfallarzt in Ulm,
Herrn Dr. med. Gutmann, meinem Hausarzt in Ulm-Einsingen

Ich bitte Sie, mir einen Nachtermin für den praktischen Teil der Gesellenprüfung zu geben.

8 Freundliche Grüße

9 *Heinz Frühauf*

10 Anlagen
2 Bescheinigungen

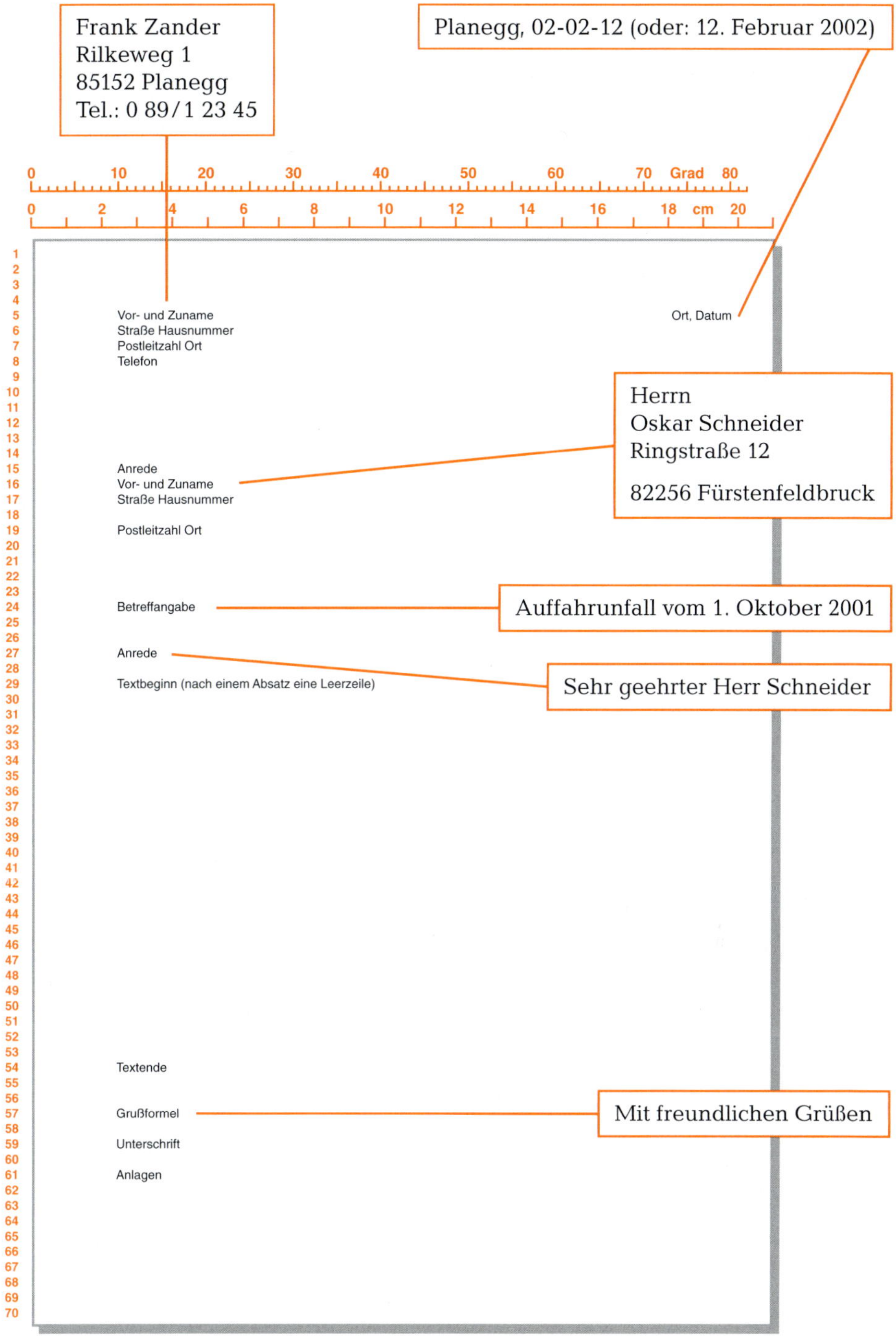

Randeinstellungen	linker Rand	rechter Rand	oberer Rand	unterer Rand
Schreibmaschine	Grad 10	Grad 79	4 Leerzeilen	2 cm
Textverarbeitung	2,4 cm	0,8 cm	2,5 cm	2 cm

Bei Textverarbeitungsprogrammen legen Sie die Ränder unter „Seiteneinstellungen“ fest.

Rand

Der linke Rand endet mit Grad 10, der rechte beginnt innerhalb der Randzone bei Grad 64–79. Sie lassen also auf beiden Seiten etwa 2,5 cm Rand. Achten Sie darauf, dass Sie auf Ihrem Blatt auch oben und unten einen ähnlich großen Abstand halten.

Inhalt

Geschäftsbriefe haben folgende Teile

- Kopfteil mit Absender, Ort und Datum, Empfänger, Betreff und Anrede
- eigentlicher Text, ggf. mit Einrückungen für herausgehobene Aussagen
- Fußteil mit Grußformel und ggf. Nennung der Anlagen

Briefkopf

In der Gestaltung des Briefkopfes Ihrer Firma sind Sie völlig frei. Er dient vor allem zur Selbstdarstellung, also zur Werbung, und enthält üblicherweise das Firmenlogo des Absenders mit Namen, Sitz der Firma und evtl. einer Postanschrift.

Postanschrift des Absenders

In vielen Fällen unterscheidet sich die Postanschrift des Absenders von der genauen Adresse. Briefe möchte der Empfänger mehrmals täglich im Postfach abholen. Pakete sollen zugestellt werden. Darum ist seine Postanschrift über der des Empfängers angegeben und im Fensterbriefumschlag ersichtlich.

Absendedatum

Es steht zwei Zeilen unter dem Briefkopf und zwei Zeilen über dem Betreff, gleich neben dem rechten Rand bei Geschäftsbriefen mit Vordruck auf weißem unliniertem Papier auf Höhe des Absenders bei Grad 50 (ca. 12,0 cm) vom linken Blattrand.

Bezugszeichen

Neben dem Absendedatum sollen noch die Kurzzeichen des Diktierenden und der Sekretärin angefügt werden. Der Durchwahlnummer folgt ein Leerzeichen, dann der Name des Bearbeiters.

Geben Sie das Datum numerisch an, dann gilt die internationale Regel: 2002–10–03. Sie können aber auch schreiben: 03. Okt. 2002.

Eingangs- und Bearbeitungsmerkmale

Alle dienstlichen Schreiben sollen mit dem Eingangsstempel versehen sein. Neben dem Datum und der Uhrzeit vermerkt der Zuständige dann das Kurzzeichen des zuständigen Sachbearbeiters.

Betreff

In einem Stichwort fasst der Absender den Inhalt des Briefes zusammen und leitet ihn so in die richtige Abteilung, z. B. Verkauf oder Personalbüro. Bei werbenden Briefen sollten Sie auf die Formulierung des Betreffs besonderen Wert legen. Sie können dieses Stichwort in Fettschrift schreiben. Zwischen dem Betreff und der Bezugszeichenzeile bleiben zwei Leerzeilen. Das Wort „Betreff" entfällt, auch das Unterstreichen.

Anschrift

Das Anschriftenfeld enthält 9 Zeilen. Beim Geschäftsbrief beginnt es 5 cm unter dem oberen Papierrand. Links beginnt es mit Grad 10 (2,5 cm), also wie der Brieftext. Rechts endet es mit Grad 40. Es ist also 10 cm breit.

Besondere Versendungs- oder Zustellarten stehen in der 1. Zeile.

Der Begriff „Firma" ist nur dann erforderlich, wenn dies aus der Anschrift nicht zu ersehen ist. Die Bezeichnung „Herr" oder „Frau" muss immer enthalten sein. Der Dr.-Titel gehört zum Namen. Daneben steht die Amts- oder Berufsbezeichnung. Andere akademische Grade können vor dem Namen ergänzt werden, z.B.

Herr Professor Dipl.-Hdl. Dr. Karl Kollnig	Frau Direktor Dr. Gudrun Staab

Hinter Straße und Hausnummer können das Stockwerk und die Wohnungsnummer angegeben werden: 11 III, 11 W 36.

Oft werden Privatbriefe auch an die Firmen- oder Dienstanschrift geschickt. Dann erscheint erst der Name, dann die Firma. Ist die Firma zuerst genannt, danach der Name, dann gilt dies als dienstliches Schreiben mit dem Hinweis auf den zuständigen Bearbeiter des Briefes. Bei Großempfängern sollen weder Postfach noch Straße und Hausnummer angegeben werden, z.B. BASF.

Wir unterstreichen nur dann die Ortsangabe, wenn die herauszuhebende Zeile (Versendungsart und der Ort) nicht durch eine Freizeile abgesetzt werden kann.

Bei Auslandsanschriften steht die Ortsangabe in Großbuchstaben ohne Leerzeile unter der Straßenangabe. Das Bestimmungsland können Sie auch in Großbuchstaben direkt unter die Ortsangabe setzen.

	Privatanschriften	Geschäftsanschriften	Auslandsanschriften
1	Eigenhändig		
2			
3	Frau	DSM & Partner GmbH	Monsieur B. Dumont
4	Ulrike Carl	Herrn Dipl.-Hdl. Fuchs	Agence de presse
5	Hauptstraße 1	Poststraße 3	15, rue du Faulbourg
6			F-75438 PARIS
7	73667 Aach	03042 Cottbus	
8			
9			

Anrede

Zwei Leerzeilen nach dem Betreff steht die Anrede, z.B. „Sehr geehrte Frau Böhme". Auch unverheiratete Frauen sind so anzusprechen. Kennen Sie den Namen des Empfängers nicht, so beginnen Sie:

Sehr geehrte Damen und Herren,

Sie setzen dann ein Komma, lassen eine Zeile frei und führen den Satz klein weiter.

Gliederung des Textes

Sie sollten den Brief systematisch gliedern und in Abschnitte einteilen, wobei Sie stets eine Zeile frei lassen, z. B.

- Nennen des Sachverhalts
- Konsequenzen, die sich daraus ergeben
- Bitte, Aufforderung zu konkretem Tun

Einrücken (Grad 20) oder Zentrieren (in die Mitte der Zeile setzen) dient der Hervorhebung von Textteilen.

Grußformel

Nach einer Leerzeile steht meistens: „Mit freundlichen Grüßen" oder „Freundliche Grüße".

Bestimmte Verbände oder Vereine enden mit ihrem speziellen Gruß, z. B. „Gut Holz", „Petri Heil", „Schi Heil", „Mast- und Schotbruch".

Unterschrift

Nach der Grußformel bleibt eine Leerzeile. Dann steht der Name der Firma oder der Institution. Die Unterschrift ist Zeichen für die Anerkennung des Inhalts. Für sie sind drei Zeilen vorgesehen. Sie muss einen individuellen Schriftzug enthalten. Der Vorname ist nicht erforderlich. Der Titel soll hinzugefügt werden. In einem Gerichtsurteil heißt es allerdings: „Eine gekrümmte Linie ist noch keine Unterschrift." Wenn der Name nicht eindeutig erkennbar ist, muss er mit der Maschine wiederholt werden.

Anlage

Das Wort „Anlage" steht nach einer Leerzeile darunter. Falls sie aus dem Text nicht genau zu entnehmen ist, muss sie genannt werden, z. B. „Verrechnungsscheck". Ist unter der Unterschrift kein Platz mehr auf dem Blatt, können Sie den Anlagevermerk rechts auf Grad 50 neben die Grußformel schreiben, z. B.

Mit freundlichen Grüßen	Anlage Prospekt
Schuhmann, StD	

Folgeseiten

Sie können eine Zeile frei lassen und am rechten Rand durch drei Punkte auf eine Folgeseite hinweisen. Die Folgeseite sollte in der Mitte oben nummeriert werden.

Geschäftsangaben

In vielen Fällen stehen am Fuße des Briefes z. B. folgende Angaben: Bankkonten, Telefon, Telefax, Namen der Geschäftsführer.

Illustration: Metz & Schütz

Aufgaben

1 Welchen Zweck erfüllt der Kopfteil eines Geschäftsbriefes?

2 Schreiben Sie zu folgenden Vorfällen die entsprechenden Briefe:

a) Der Lieferant Berger & Söhne, Waldstraße 8, 38126 Braunschweig, schickt Ihrer Firma eine Mahnung. Sie sollen die noch offene Rechnung über 3.816,00 € für geliefertes Büromaterial bis spätestens in einer Woche begleichen. Ihr Chef beauftragt Sie, dem Lieferanten einen Brief zu schreiben, in dem Sie um Zahlungsaufschub bis zum Monatsende bitten.

b) Ein Fensterputzer, der in Ihrer Firma die Fenster reinigt, ist mehrmals unpünktlich erschienen und hat sehr unsauber gearbeitet. Die Anschrift lautet: Blitz + Blank, Inhaber: Walter Schwarz, Krummer Weg 19, 40728 Düsseldorf. Teilen Sie mit, dass Sie die Rechnung über 2.000,00 € um 10 % kürzen.

DSM&P.
WERBESTUDIO GMBH
BERATUNG, MARKETING, GESTALTUNG, REALISATION

VISUELLE KONZEPTE FÜR:
INDUSTRIE
HANDEL
WISSENSCHAFT
FORSCHUNG

DSM & Partner Werbestudio GmbH, Salierallee 4, D-52066 Aachen

Herrn Studiendirektor
Georg Schuhmann
Buchenweg 6

69126 Heidelberg

Korrektur Flyer „Schulfest" 01. Mai 2002

Sehr geehrter Herr Schuhmann,

anbei erhalten Sie Originalunterlagen und Ausdrucke zur Korrektur mit der Bitte um schnellstmögliche Bearbeitung und Rücksendung. Vielen Dank im voraus.

Mit freundlichen Grüßen

DSM & Partner
Werbestudio GmbH

i. A. Anja Hülsemann

Anlage

GESCHÄFTSFÜHRUNG
JOSEF BEHLAU
DIPL.-DES. FRANZ MARBAISE

DRESDNER BANK AG, AACHEN
KONTO: 253 849 000 (BLZ 390 800 05)
COMMERZBANK AG, AACHEN
KONTO: 2 351 575 (BLZ 390 400 13)
SPARKASSE, AACHEN
KONTO: 44 628 (BLZ 390 500 00)

DSM & PARTNER
WERBESTUDIO GMBH
SALIERALLEE 4, D-52066 AACHEN
TELEFON 02 41 / 6 10 03–5
TELEFAX 02 41 / 6 66 28
AG AACHEN, HRB 3778

Aufgabe

Schicken Sie an DSM & Partner GmbH die korrigierten Druckfahnen und Unterlagen zurück. Verfassen Sie ein Begleitschreiben.

Hotel Heidelberger Tor • Heidelberg

Hotel Heidelberger Tor, Bergstr. 1, 69000 Heidelberg
•
•
Weinhandlung
Alain Flion
Walterrathenaustr. 30
•
•
7410 Reutlingen
•

Ihre Zeichen/Ihre Nachricht vom	Unsere Zeichen, unsere Nachricht vom	(06221)	Heidelberg
	Tm – Se	4 69 63	01.2.2002

•
•
Betreff: Mängelrüge
•
•
Sehr geehrte Damen und Herren,
•
•
Habe heute ihre Ware erhalten. Beim öffnen der ersten Flasche stellten wir folgenden Sachverhalt fest.
Korken war sehr weich, und hatte eine sehr dunkle Farbe
Korken entweicht ohne Druck
Champagner moussierte nicht, und wies eine braungelbe Farbe auf und wies einen fauligen
Geruch auf.
Aufgrund dieser Anzeichen nehmen wir an das bei der gesamten Lieferung ein Fehler vorliegt und bitten sie deshalb untertänigst die Ware umzutauschen.
In Erwartung ihrer bestmöglichsten Ware verbleiben wir,
•
mit freundlichen Grüßen
•
•
•
Trautmann

Aufgabe

Beurteilen Sie den Brief inhaltlich nach
a) der Form DIN 5008,
b) der Rechtschreibung,
c) der Zeichensetzung,
d) des Stils.

Machen Sie gegebenenfalls Verbesserungsvorschläge.

Nord-Reisedienst

Nord-Reisedienst, Kaiserstraße, 21234 Hamburg

Hotel Tannenhof
Herrn Walter Kaiser
Tübinger Straße 24

74501 Hechingen

Ihre Zeichen/Ihre Nachricht vom	Unsere Zeichen, unsere Nachricht vom	Telefon	Hamburg
	s-1		2002–02–01

Betreff
Gesellschaftsreise

Sehr geehrter Herr Kaiser,

wir veranstalten eine 14-tägige Fahrt an den Gardasee und wollen die Rückfahrt für drei Tage unterbrechen. Bitte schreiben Sie mir, ob Sie vom

Donnerstag, 7. Juni 2001 bis einschließlich Samstag, 9. Juni, 40 Teilnehmer, 1 Fahrer und unseren Reiseleiter, Herrn Franke, unterbringen können.

Die Ankunft in Hechingen ist für Donnerstag gegen 11:00 Uhr vorgesehen.

Das Mittagessen würde bereits in Ihrem Hause eingenommen. Die Abfahrt soll am Samstag gegen 15:00 Uhr erfolgen.

Für meine Kalkulation brauche ich ein Angebot, das mir die Wahl zwischen Vollpension und Halbpension offen lässt. Wir benötigen 15 Doppelzimmer und 10 Einzelzimmer. Dusche und WC wird in einigen Fällen gewünscht. Wir wären damit einverstanden, wenn alle Zimmer so ausgestattet sind.

Bitte antworten Sie noch in dieser Woche, damit wir alles rechtzeitig vorbereiten können.

Mit besten Empfehlungen

SÜD-REISEDIENST

Aufgabe

Sie sind Geschäftsführer des Nord-Reisedienstes, dem der folgende Brief zur Unterschrift vorgelegt wird, und können gerade noch verhindern, dass er abgeschickt wird. Schreiben Sie ihn neu in einwandfreier Form.

Studiosus

Studiosus Reisen München GmbH
Postfach 20 19 42
80019 München

• 68259/51 • P 68000 D06/T68

Reisebüro
Steuermer GmbH
F 1, 5 (Breite Straße)
68159 Mannheim

Herrn Diplom-Wirtschaftspädagoge
Georg Schuhmann
Postfach 47 11

69126 Heidelberg

München, im Februar 2002

Urlaub voller Leben

Sehr geehrter Herr Schuhmann,

farbenprächtige Vögel, seltene Schmetterlinge, rauchende Vulkankrater, wilde Orchideen, üppige Regenwälder, traumhafte Strände …

Die Inseln Indonesiens verzaubern die Menschen, so sagt man. Wir haben dieser faszinierenden Inselgruppe eine Ausgabe unseres Magazins „Urlaub erleben" gewidmet und wünschen Ihnen viel Freude damit.

Vielleicht weckt der Spaziergang durch unser „Urlaub erleben" in Ihnen die Sehnsucht nach einem ganz besonderen Urlaub: Acht verschiedene Reisen durch die faszinierende Inselwelt Indonesiens haben wir für Sie vorbereitet. Detaillierte Reisebeschreibungen zu jeder einzelnen Route finden Sie in unserem Katalog „Fernreisen". Gerne senden wir Ihnen diesen – wie auch unsere anderen Kataloge – kostenlos zu. Rufen Sie uns einfach an, Telefon: (01 30) 24 00.

Wir freuen uns darauf, wieder einmal von Ihnen zu hören.

Mit freundlichen Grüßen

Studiosus Reisen

Natürlich erhalten Sie unsere Kataloge auch in jedem guten Reisebüro. Dort berät man Sie gerne und bucht für Sie.

Aufgabe

Lassen Sie sich von Studiosus inspirieren. Schreiben Sie einen Werbebrief, in dem Sie von einem traumhaft schönen Hotel schwärmen. Lassen Sie Ihrer Fantasie freien Lauf.

3.2 Private Schriftstücke

3.2.1 Bewerbungsschreiben

Situation

> Sie freuen sich, dass Sie in Kürze Ihre Ausbildung erfolgreich abschließen werden, und bewerben sich nun bei mehreren Firmen um eine anspruchsvolle Position. Natürlich soll die Bewerbung ganz individuell sein, aber sie muss auch in Form und Gehalt dem heutigen Stand kaufmännischer Briefe entsprechen. Worauf müssen Sie unbedingt achten?

Inhalt und Form

Die Form entspricht der des Geschäftsbriefes. Kein Einschreiben, kein Eilbrief. Der Brief soll folgende Punkte enthalten:

- Name, Anschrift und Telefonnummer des Bewerbers
- Ort und Datum
- Anschrift mit Zusatz „Personalabteilung" und Name des Personalchefs (Name vorher erkunden)
- Betreff (Stichwort: Bewerbung um die Stelle als …)
- Bezug (z. B. Anzeige, Gespräch)
- Anrede (möglichst mit Namen)
- Anliegen: Bewerbung
- Bewerbung ausformulieren
  - Begründung Ihrer Bewerbung, z. B. :
    auf Anforderungsprofil der Anzeige eingehen
    Qualifikation für diese Stelle nennen, z. B. Auslandstätigkeiten, Fortbildung, Fachschulbesuch, besuchte Seminare
  - evtl. Referenzen
  - derzeitige Tätigkeit
  - möglicher Eintrittstermin
  - Vorstellungstermin
- Grußformel
- Unterschrift
- Anlagen
  - Tabellarischer Lebenslauf
  - Lichtbild (mit Name und Anschrift auf gesondertem Blatt oder beim Lebenslauf rechts oben aufkleben)
  - Abschlusszeugnisse: beglaubigte Fotokopien von Schule, Berufsabschlussprüfung und Berufsschule, Fachschule; Reihenfolge: das aktuellste oben
  - Arbeitszeugnisse (Reihenfolge s. o.)
  - Zeugnisse von besuchten Fortbildungsveranstaltungen (Reihenfolge s. o.)
  - Anschrift der Referenzen

Wir verzichten bewusst auf ein Beispiel für das Bewerbungsschreiben:

- Es verleitet dazu, den Text zu übernehmen und nur die eigenen Daten einzusetzen. Ein Personalchef sagte dazu: „Wer abschreibt, den nehmen wir nicht".
- Außerdem sollen Sie Ihre speziellen Eigenschaften bzw. Fähigkeiten darstellen und so belegen, dass Sie für die jeweilige Stelle besonders geeignet sind.

Aufgaben

1 Suchen Sie aus Tageszeitungen, Fachzeitschriften oder dem Internet verschiedene – auch branchenfremde – Stellenangebote heraus.

2 Wählen Sie eine aussagekräftige Anzeige aus, die Ihnen vom Inhalt und von der Gestaltung her zusagt. Begründen Sie Ihre Entscheidung.

3 Verfassen und gestalten Sie ein Stellenangebot für eine Firma, deren Tätigkeitsfeld dem Ihres jetzigen Ausbildungsbetriebes ähnlich ist.

3.2.2 Lebenslauf

Lebensläufe werden heute überwiegend in tabellarischer Form verfasst, zwei oder drei Spalten gestalten die Daten übersichtlich. Dabei werden die Daten chronologisch aufgelistet. Wichtig ist, dass ein Lebenslauf keine Lücken aufweist, alle Jahre müssen genau belegt werden.

Ein Lebenslauf muss das Datum, den Bewerbernamen, Geburtstag und -ort, Familienstand, Schulbildung, beruflichen Werdegang, berufliche Tätigkeiten und die Unterschrift enthalten. Zusätzlich können Kurse, Lehrgänge, Fremdsprachenkenntnisse u. Ä. mit aufgeführt werden. Das Datum des Lebenslaufes und das des Bewerbungsschreibens müssen übereinstimmen, damit nicht der Eindruck entsteht, der Lebenslauf sei schon mehrmals verwendet worden. Mit der Unterschrift bestätigt der Bewerber die Richtigkeit seiner Angaben (s. Beispiel auf der nächsten Seite).

Persönliche Daten

Name:	Frank Böhme
Wohnort:	68259 Mannheim
Geburtsort:	69123 Heidelberg
Geburtsdatum:	01. Juli 1966
Familienstand:	ledig
Staatsangehörigkeit:	deutsch

Schulbildung

1972 – 1976	Albert-Schweitzer-Grundschule, Mannheim
1976 – 1985	Lessing-Gymnasium, Mannheim: Abitur

Berufsausbildung

1985 – 1986	Grundwehrdienst in Lüneburg
1986 – 1988	Ausbildung zum Außenhandelskaufmann, BASF Ludwigshafen

Berufstätigkeit

1988 – 1995	Exportabteilung BASF Ludwigshafen
1995 – 1999	Direktionsassistent BASF-Niederlassung, New York

Weiterbildung

1999 – 2001	Fachschule für Wirtschaft, Mannheim Staatliche geprüfter Betriebswirt

Fremdsprachen

1976 – 1984	Englisch (9 Jahre)
1979 – 1984	Französisch (3 Jahre)

Fortbildung

1980	Datenverarbeitung
2000	Rhetorik I und II
2001	Neurolinguistische Programmierung

Mannheim, 31. März 2002 *Frank Böhme*

Aufgabe

Verfassen Sie zu der von Ihnen ausgewählten Stellenanzeige ein Bewerbungsschreiben und einen tabellarischen Lebenslauf.

4 Methoden geistiger Arbeit

4.1 Arbeitstechniken

Situation

Sie möchten sich zu einem Problem schriftlich äußern. Natürlich können Sie einfach anfangen zu schreiben. Wenn Sie allerdings systematisch arbeiten wollen, dann schlagen wir vor, den Weg von der Fragestellung zur druckfertigen Arbeit in acht Arbeitsschritten zu gehen.

Wir wollen das am Beispiel eines Themas aus der Sozialpädagogik zeigen, das für die meisten jungen Familien ein reales Problem ist, das sie lösen müssen, wenn sie ein oder gar mehrere kleine Kinder haben. Es ist die Frage der jungen Mutter, ob sie ihr Kind in den Kindergarten schicken soll. Sie fragt sich: „Welche Vor- und Nachteile bietet der Kindergarten für Mutter und Kind?"

Illustration: Metz & Schütz

Wer gern arbeitet,
der kann sich manch vergnügte Stunde bereiten.

Acht Arbeitsschritte

1. Erfassen des Themas	Thema ist also der Kindergarten.
2. Fragestellung	Gefragt ist nach den Vor- und Nachteilen – beides bezogen sowohl auf die Mutter als auch auf das Kind.
3. Informationen sammeln	Hierzu dienen z.B. Lexika, Zeitungen, Zeitschriften, Bücher, Erlebnisse, Beobachtungen, Befragung von Müttern und Erzieherinnen.
4. Ordnen	Zunächst sollen Sie die Gedanken grob ordnen. **Vorteile** / **Nachteile** für die Mutter / für die Mutter für das Kind / für das Kind
5. Gliedern	Diese Ordnung müssen Sie dann in ein Gesamtsystem einbringen:
A. Einleitung	Auf jedes Problem müssen Sie zunächst hinführen. Möglichkeiten der Einleitung sind z.B.: – ein Beispiel nennen – ein Erlebnis wiedergeben – eine allgemeine Feststellung treffen – ein Zitat einbringen – geschichtliche Entwicklung des Problems aufzeigen – die Aktualität der Frage erklären
B. Diskussion des Themas	Hier sollen Sie möglichst viele Gedanken systematisch aufzählen, z.B.:
I. Vorteile = Für	Vorteile des Kindergartens
II. Nachteile = Gegen	Das Gleiche gilt für die Nachteile.
III. Entscheidung	Wie im Leben, so müssen Sie auch hier die Frage durch Abwägen der Argumente entscheiden.
C. Beantwortung des Beispielfalles	Die unter III. getroffene grundsätzliche Entscheidung müssen Sie hier gegebenenfalls auf das in der Einleitung genannte Beispiel übertragen.
6. Manuskript erstellen	Verwandeln Sie die Stichwörter der Gliederung in einen zusammenhängenden Text, also in ganze Sätze.
7. Reinschrift	Da bei der Erstellung eines Manuskriptes meistens Verbesserungen, Einschiebungen und Streichungen nötig sind, wird der Text unübersichtlich. Durch die Reinschrift wird dieser Mangel behoben, und der Gedankengang wird klarer.
8. Durchlesen	Lesen Sie den von Ihnen erstellten Text durch. Sie werden erstaunt sein, wie viele Fehler Sie entdecken und was Sie alles wissen und können.

Beispiel einer Gliederung zum oben genannten Thema

Welche Vor- und Nachteile bietet der Kindergarten für Mutter und Kind?

A. Definition – Abgrenzung vom Heim
    1. Beispiel

B. Diskussion des Themas
  I. Vorteile
    a) Für die Mutter
      1. kann Beruf nachgehen
      2. mehr Zeit für die Hausarbeit
      3. keine Sorge um das Kind
      4. mehr Zeit für sich und die anderen Kinder
      5. Erziehungsaufgabe wird teilweise abgenommen
    b) Für das Kind
      1. Kontakt mit Gleichaltrigen – besonders bei Einzelkindern
      2. Anregungen von anderen
      3. Vorbereitung auf die Schule
      4. lernt sich einzuordnen und durchzusetzen
      5. mehr und andere Spielsachen
      6. geringe Unfallgefahr, da unter Aufsicht
  II. Nachteile
    a) Für die Mutter
      1. weniger Kontakt zum Kind
      2. ist oft allein
      3. Einfluss auf die Erziehung ist geringer
      4. zusätzlicher Weg zum Kindergarten
      5. Kosten
    b) Für das Kind
      1. Entfremdung von der Mutter
      2. schlechter Einfluss
      3. ansteckende Krankheiten
  III. Entscheidung – Abwägung der Argumente

C. Beantwortung des Beispielfalles

Illustration: Metz & Schütz

Aufgaben

Wir können nur das sicher, was wir geübt haben. Wenn Sie aber eine solche Leistung vollbracht haben, dann erleben Sie auch das angenehme Gefühl einer erhöhten Selbstsicherheit. Erstellen Sie zu einem der folgenden Themen eine selbstständige Arbeit, indem Sie die acht Arbeitsschritte gehen.

1 Welchen Beitrag leisten Betrieb und Berufsschule im dualen Berufsbildungssystem?

2 Sollte der Arzt einem Schwerkranken immer die Wahrheit sagen?

3 Welche Vorteile genießen Männer bzw. Frauen in unserer Gesellschaft?

4 Kennzeichnen Sie Ihre Erwartungen an Ihren zukünftigen Arbeitsplatz. Was erwartet der Arbeitgeber wahrscheinlich von Ihnen?

5 Sollte ein gebildeter Mensch lieber Bücher lesen oder fernsehen?

Arten von Lösungswegen: dialektisch oder steigernd

Im beruflichen und privaten Leben tauchen immer wieder Fragen auf, die Sie bewältigen wollen. Die sicherste Methode, damit umzugehen, besteht darin, dass Sie möglichst alle Aspekte des Problems in einer Gliederung schriftlich darstellen. Es gibt zwei Gattungen von Aufgaben. Eine zwingt zur Entscheidung zwischen zwei Alternativen. Die zweite Art führt wie auf einem direkten Weg zum Gipfel. Den zwei Grundgattungen von Fragen entsprechen die zwei Lösungswege, der dialektische und der steigernde.

Ein Beispiel für die dialektische Form ist die behandelte Frage nach dem Kindergarten. Die steigernde Form ist eine einfache Gedankenkette: Ursachen – Folgen – Gegenmaßnahmen – Kosten.

Ein **Beispiel** dafür ist folgendes Thema: „In den letzten Jahres lesen wir häufig von Gefahren verschiedener Rauschmittel." „Welche Ursachen verführen Jugendliche zur Abhängigkeit von Rauschmitteln? – Welche Folgen hat dieser Zustand? – Wie können Sie die Abhängigkeit erkennen und bekämpfen?"

A Begriff

1. **Abhängigkeit** (Sucht)
   Krankhafter Drang nach dem Genuss eines bestimmten Rauschmittels
2. **Physische Abhängigkeit**
   Das gleiche Erlebnis wieder zu haben, gegen Unruhe, Schlaflosigkeit, Unwohlsein, Temperaturanstieg und Erbrechen
3. **Milieuabhängigkeit**
   Gruppenintegration = Nur wer Rauschgift nimmt, gehört zu der Gruppe

B Arten der Rauschmittel

1. Haschisch und Marihuana
2. Weitere Halluzinogene: LSD, Meskalin
3. Opium und Opiate (Morphium, Heroin)
4. Kokain, Crack
5. Aromatische Stoffe: Preludin, Titalin
6. Beruhigungs- und Schlafmittel: Valium, Veronal, Luminal
7. Schnüffelstoffe (Pattex, Benzin, Äther, Azeton)
8. Synthetische Mittel: „Designerdrogen", Ecstasy

9. Alkohol: Wein, Bier, Spirituosen
10. Nikotin
11. Stimulationsmittel: Tee, Kaffee, Cola

C Ursachen

1. Statusunsicherheit
2. Schmerzen
3. Schlaflosigkeit
4. Glücksgefühl
5. Konflikte verdrängen = Frustration
6. Kontaktschwierigkeiten gegenüber den Eltern und Gleichaltrigen
7. Pubertätserscheinungen
8. Neugier
9. Schulschwierigkeiten
10. Labilität
11. Angst
12. Gruppendruck
13. Sinn- und Ziellosigkeit

D Folgen

1. **Physische Folgen**
    a) Nervosität
    b) Leistungsabfall
    c) Unruhe
    d) Erbrechen
    e) Sexuelle Aktivität geht zurück
    f) Magen- und Darmstörungen
    g) Blut- und Leberschäden
    h) Abweichendes Verhalten
2. **Folgen für Psyche und Geist**
    a) Verlangen nach Lustgewinn
    b) Sehnsucht nach Beruhigung
    c) Abnehmende Urteilskraft
    d) Neurose
    e) Geisteskrankheit
    f) Nervosität
3. **Soziale Folgen**
    a) Gruppe sondert Süchtigen ab
    b) Angst vor Sanktionen
    c) Abnahme der Anpassungsfähigkeit
    d) Nachlassen im Beruf
    e) Reizbarkeit
    f) Abweichendes Verhalten

E Erkennungsmerkmale

1. Einstichstellen
2. Veränderung des Verhaltens
3. Unordnung

4. Reizbarkeit und Nervosität
5. Passivität
6. Körperliche Anzeichen: Zittern, Angstzustände, gerötete Augen, Schweißausbrüche
7. Schlauch zum Abbinden, Nadeln …

F Bekämpfung

1. Vorbeugend
   a) Vertrauensverhältnis, Partnerschaft aufbauen oder verstärken
   b) Informationen, Menschlichkeit und Liebe
   c) Konflikt bewusst machen

2. Erkennen
   a) Umgang beachten
   b) Geräte: Spritzen, Pfeifen und Tabak

3. Maßnahmen
   a) Gespräche und Informationen
   b) Entfernung aus dem Milieu
   c) Zusammenarbeit mit den Eltern und evtl. Therapeuten
   d) Herkunftsstellen erkunden
   e) Aufklärung: sachlich bleiben, nichts verniedlichen oder verharmlosen
   f) Fachleute befragen
   g) Drogenberatungsstellen empfehlen
   h) Eintritt in AA-Gruppe (AA = Anonyme Alkoholiker)

Lernpsychologische Regeln

Wenn Sie schreiben, dann möchten Sie, dass der Leser Ihre Botschaft unverfälscht versteht, verarbeitet, behält und evtl. weitergibt. Darum müssen Sie Ihre Informationen so auswählen, gliedern, visualisieren und in eine solche Sprache kleiden, dass sie der Leser leicht versteht.

Wir leiten aus der Lernpsychologie nach Correll u. a. fünf Regeln ab:

1. **Verstärkung:** Der Leser soll möglichst in seinem Selbstwertgefühl und seiner Meinung bestätigt werden, z. B. durch Lob oder Erfolgsaussichten.
2. **Anschauung:** Diese gibt es in zweierlei Arten:
   - die sinnliche – also sichtbare – in Bildern oder Grafiken: „Ein Bild sagt mehr als tausend Worte" (Pestalozzi),
   - die geistige – mithilfe einer bildhaften Sprache, z. B. „bärenstark".
3. **Aktivität:** Der Leser soll zum aktiven Mitdenken angeregt werden, z. B. durch Fragen, Wiederholungs- und Übungsaufgaben.
4. **Lebensnähe:** Auch abstrakte Sachverhalte sollen möglichst so dargestellt werden, dass sie der Leser/die Leserin in sein Weltbild integrieren kann.
5. **Transfer:** Der Leser/die Leserin soll Hilfen erhalten, um Bekanntes bei Unbekanntem anzuwenden sowie die Theorie in die Praxis zu übertragen.
6. **Übung:** Wissen genügt nicht. Wir müssen auch tun, weil wir das Getane wesentlich besser behalten.

Aufgaben

Erstellen Sie die Gliederung zu einem der folgenden Aufsatzthemen:

1 Was unternehmen Sie, wenn Sie als Erster an einem Unfallort ankommen?

2 Nach welchen Gesichtspunkten sollte ein junger Mensch seinen Beruf wählen?

3 Welche Veränderungen bringt der Computer in die Arbeitswelt?

Beispielaufsatz

Thema: Ist es richtig, wenn sich heute so viele Menschen vom Buch ab- und dem Fernsehen zuwenden?

A. Beispiel (Einleitung)

(1) In einer Statistik war kürzlich zu lesen, dass die großen Funkillustrierten Auflagen haben, die nahe an eine Million Exemplare heranreichen, während die Verfasser von Büchern sich glücklich preisen können, wenn im Jahr tausend Exemplare eines Werkes abgesetzt werden. Die meisten der Menschen, die sich ein Funkprogramm kaufen, schaffen sich also keine Bücher mehr an. Das Buch bedeutet ihnen nichts mehr. Es bietet ihnen offenbar nicht mehr das, was sie erwarten. Wenn das Buch ihnen aber nichts mehr gibt, ist es auch richtig, dass sie sich von ihm abwenden.

B. Diskussion (Hauptteil)

I. Für das Fernsehen

(2) Das Fernsehen stellt seinem Publikum eine reiche und sehr vielfältige Auswahl zur Verfügung. Unterhaltung, Belehrung, Zeitvertreib, Andachten, große Kultur – bei ihm kann man alles haben. Man bezahlt einmal im Monat einen Beitrag und verfügt damit über alle diese Dinge, wie selbst der Besitzer einer großen Bibliothek nicht leicht über sie verfügt.

(3) Zudem ist es wesentlich billiger, fernzusehen, als sich Bücher anzuschaffen, denn die meisten Bücher sind heute sehr teuer. Ein einziger guter Roman kostet etwa so viel wie die Fernsehgebühr fürs ganze Jahr.

(4) Aber auch wenn man bereit und reich genug wäre, viel Geld für Bücher auszugeben, so ist es doch in jedem Fall außerordentlich schwierig, das richtige Buch zu finden. Man vergegenwärtige sich einmal die verwirrende Fülle von Büchern in den Regalen eines Buchhändlers. Einen sicheren Griff kann sich nur noch der Fachmann zutrauen, der das auch findet, was man sich vorgestellt hat. Am Fernseher dagegen hat man es damit leicht. Ein kleiner Druck auf den Knopf genügt, und man hat, was man will.

(5) Ferner ist der Fernsehende nicht gebunden wie der Buchkäufer. Wiederum genügt eine kleiner Druck auf den Knopf, und man ist, was man gewählt hat, wieder los. Hat man dagegen ein teures Buch gekauft, das einem nicht zusagt, dann hat man das Nachsehen.

(6) Schließlich ist der moderne Mensch in Zeitnot, und der Fernsehsender rechnet mit dieser Tatsache. Er gibt seinem Benutzer das, was er ihm bietet, so zusammengefasst und in so mundgerechter Form, dass der Fernsehende es ohne große Anstrengung in der kurzen Zeit bewältigen kann, die ihm zur Verfügung steht. Das Lesen dagegen ist mühevoll, und wenn man immer nur eine kurze Abendstunde dafür freihat, zieht sich die Lektüre eines einzigen Buches über Wochen, vielleicht über Monate hin.

(7) Ebenso muss der moderne Mensch über vieles Bescheid wissen. Er soll sich in der Politik auskennen, muss sich, wenn er nicht als rückständig angesehen werden will, ein Urteil über die moderne Kunst, Malerei, Musik und Literatur bilden, soll wissen, was im Sport geschehen ist, muss technische Neuerungen kennen usw. Sich das alles lesend erarbeiten zu wollen, wäre ein hoffnungsloses Unterfangen. Der Fernsehsender bringt aber immer das Neueste, und zwar so, dass man sich auskennt.

II. Für das Bücherlesen

(8) Andererseits jedoch verfliegt alles, was das Fernsehen bietet, sehr schnell wieder. Ein Eindruck überdeckt den anderen, und was vorbei ist, ist vorbei. In Büchern dagegen kann man an einzelnen Stellen verweilen oder kann zurückblättern und bereits Gelesenes nochmals aufnehmen. So ist das Fernsehen nicht nur auf die Gehetztheit des modernen Menschen eingestellt, sondern selbst Ausdruck dieser Unrast. Es gibt hier kein Verweilen bei einer Sache, die einem besonders wichtig oder für den Augenblick besonders wohltuend erscheint, wie beim Buch. Gerade dieses entspannende Verweilen hätte der moderne Mensch aber besonders nötig. Also tut er doch Unrecht, wenn er sich vom Buch abwendet.

(9) Auch trifft es nicht zu, dass man am Fernsehapparat nicht ebenso auswählen müsste wie beim Buch. Er bringt sehr viel Oberflächliches, und wer nicht auswählt, wird selbst oberflächlich, vielleicht ohne dass er sich dessen recht bewusst ist.

(10) Außerdem ist das Fernsehen gar nicht so billig, wie man im ersten Augenblick meint. Wenn man nur die Monatsbeiträge bedenkt, hat man natürlich die Anschaffung des Empfängers außer Acht gelassen.

(11) Endlich haben Bücher etwas Persönliches an sich, das dem Fernseher vollkommen fehlt. Bücher besitzen wir, sie bleiben da, wir stellen sie im Zimmer auf, nehmen sie auf Reisen mit, wir leben mit ihnen, sie leben mit uns. Sie drängen sich nicht auf, sondern sind wie gute Freunde. So entsteht zwischen einem Buch und einem Leser ein ganz besonderes Verhältnis. Man hat Bücher, von denen man sich nicht mehr trennen möchte; man nennt sie Lieblingsbücher und will damit ausdrücken, dass man sie liebt. Ein solches persönliches Verhältnis ist dagegen beim Fernseher undenkbar.

III. Entscheidung

(12) Trotzdem kann man sich aber auch nicht völlig aufs Buch zurückziehen, denn es ist nicht zu leugnen, dass man dafür nicht immer genug Zeit, nicht immer genug Geld und nicht immer genug Geduld hat. Also ist es wohl richtig und falsch zugleich, wenn sich heute so viele Menschen vom Buch ab, und dem Fernseher zuwenden, und wer sein Leben geistig selbstständig bewältigen will, wird sich beider Einrichtungen bedienen müssen.

(13) Er wird sich Dinge, die er sich gründlich erarbeiten will, aus Büchern erarbeiten, sich über andere aber am Fernseher nur schnell unterrichten. Er wird Bücher lesen, um sich die Entspannung des geruhsamen Verweilens zu verschaffen, und er wird ein andermal seine Entspannung bei einer unterhaltsamen Fernsehsendung suchen, weil er nicht gerade für ein Buch gestimmt ist. Er wird sich endlich sogar das Fernsehen für seine Lektüre zunutze machen, wird Buchbesprechungen, literarische Sendungen hören und wird sich so den Überblick verschaffen, den er braucht, wenn er vor den Regalen des Buchhändlers steht und wählen soll. Und er wird durch diese Lektüre die geistige Selbstständigkeit gewinnen, die nötig ist, damit er nicht zu einem Knecht eines Fernsehgerätes wird, sondern sehen kann, was er sehen will.

C. Transfer

(14) Nur wer sich so verhält, steht mit beiden Füßen im Leben der Zeit; denn nur er nimmt seine Verantwortung für das geistige Leben in der richtigen Weise wahr. Und nur wenn sich immer mehr Menschen so verhielten, würde dadurch auch das erschreckende Missverhältnis korrigiert, das heute zwischen den Auflagenziffern der Funkillustrierten und der guten Bücher besteht und das letztlich als ein Maßstab für den Schwund der geistigen Verantwortung in unserer Zeit gewertet werden muss.

Aufgaben

1 Wie lauten die beiden Thesen?

2 Welche Argumente werden dafür angeführt?

3 Welche Beispiele werden jeweils genannt?

4 Mit welcher Art beginnt die Einleitung?

5 Wie entscheidet sich der Autor?

6 Welcher Art ist der Schluss?

7 Erstellen Sie zu dem vorliegenden Aufsatz eine Gliederung.

Illustration: Metz & Schütz

4.2 Lerntechniken

Wir alle verfügten über ein höheres Maß an Wissen, Verstehen und Können, wenn wir „das Lernen gelernt" hätten. Hier sollen einige Hinweise gegeben werden, wie wir wichtige Faktoren verbessern können.

Situation

4.2.1 Arbeitsplatz

- Zunächst sollen wir unseren Arbeitsplatz ergonomisch und ästhetisch gestalten:
  - Der Schreibtischstuhl soll den Rücken gut stützen.
  - Die Beleuchtung muss hell sein – aber Leuchtstoffröhren flimmern. Das wirkt ermüdend.
  - Ihren Augen sollten Sie einen Punkt der gelegentlichen Erholung bieten, um neue Energie zu schöpfen, z. B. Blumen oder ein Bild.
- Mit Musik erreichen Sie das Gleiche für Ihre Ohren: Sie sollte entspannen und angenehme Gefühle schaffen.
- Ganz besonders wichtig ist das, wenn Sie am Bildschirm arbeiten, weil hier die Ermüdungserscheinungen besonders stark sind.

Gewohnheiten sind erst Spinnweben, dann Drähte.

Spanisches Sprichwort

4.2.2 Soziales Umfeld

„Es ist nicht gut, dass der Mensch allein sei." Gründen Sie daher möglichst eine Arbeitsgruppe. Dieses Zweckbündnis sollte mindestens ein gemeinsames Ziel haben, z. B. die Prüfung zu bestehen. Empfehlenswert ist die Größe von vier bis fünf Mitgliedern. Sie sollten Ihre Erwartungen und die Rahmenbedingungen für Ihre Zusammenarbeit klären: Tageszeit, Pünktlichkeit, Vorbereitung, gegenseitige Information und Unterstützung. Diese Arbeitsgruppe gibt nicht nur sachliche Lernhilfe, sondern auch gegenseitige Geborgenheit, Kraft und Motivation. In seinem Traktat „Über die allmähliche Verfertigung der Gedanken beim Reden" weist Lessing darauf hin, dass oft Problemlösungen einen Zuhörer voraussetzen.

Ganz besonders wichtig ist das in Prüfungszeiten. Sie markieren ja den Übergang in eine neue Lebensphase und enthalten eine neue Verteilung der Berufschancen und Verdienstmöglichkeiten. Der Übergang von der Ausbildung in den Beruf ist ein tief greifender Einschnitt und verursacht Unsicherheit. Eine Lerngruppe gibt hierbei Sicherheit und Hilfe:

- Abfragen und Ergänzung des Sachwissens
- Rückmeldung über das Ergebnis des Lernens
- Unterstützung beim Nachweis von Leistung unter lebensnahen und notwendigen Stressbedingungen

4.2.3 Körperliche Aspekte

> ***Misstraue jedem Gedanken, der im Sitzen entstanden ist.***
>
> ***Goethe***

Goethe arbeitete meistens an einem Stehpult: Er wollte körperliche Belastung, Bewegung. Sie ist ein ganz natürliches Bedürfnis des Menschen. Dieses wird durch „Stillsitzen" am Schreibtisch, PC und vor dem Fernseher abtrainiert und behindert so die geistige Entwicklung. Durch Bewegung unterstützen wir unsere Gedächtnisleistung, wir aktivieren den Organismus und speichern neue Informationen zusammen mit der Bewegung. Für das Lernen sind besonders rhythmische und weiche Bewegungsformen, z. B. Eutonie wichtig. Der menschliche Körper braucht Belastungen. Übermäßige körperliche Belastung schwächt allerdings das Immunsystem und staut das Langzeitgedächtnis. Leistungssport vermindert die Aufnahmefähigkeit, was z. B. bei Marathonläufern zutrifft.

> ***Die größte Kraftanstrengung zeigt sich immer da,***
> ***wo der freien Wahl am wenigsten Spielraum bleibt.***
>
> ***Machiavelli***

Beim Lernen sollten Sie immer wieder Augen, Nacken und Schultern entspannen, also z. B. gehen oder Arme kreisen. Ermüdete Augen behindern das gesamte Leistungsvermögen, weil sie etwa 25 % der gesamten Energie verbrauchen. Das gilt besonders für die Arbeit am Bildschirm. Als Entspannungsübung empfehlen wir: Klimpern Sie mit den Augenlidern, machen Sie Kreisbewegungen mit den Augen, blinzeln Sie durch winzige Lidspalten.

4.2.4 Geistige Probleme

> ***Der Nachteil der Intelligenz besteht darin,***
> ***dass man ununterbrochen gezwungen ist dazuzulernen.***
>
> ***George Bernard Shaw***

Edison stellte 250 Glühbirnen her, bevor die erste funktionierte. Heute gibt es leicht klebende Haftnotizen, die einfach wieder abnehmbar sind. Sie entstanden auf der missglückten Suche nach einem Hochleistungskleber: Viele Probleme lösen wir durch systematisches Suchen – andere durch Versuch und Irrtum.

Wir können nicht alles lernen, aber all das, wozu wir begabt und geübt sind. Unser Schwerpunkt liegt eher in der Merkfähigkeit (Wörter lernen) oder in der aktiven Verknüpfung von Gedanken (Aufsätze schreiben). Jede Fähigkeit lässt sich aber trainieren. Die Merkfähigkeit ist stärker bei Kindern ausgeprägt. (Spielen Sie gegen ein Kind Memory: Sie werden fast immer verlieren!) Als Erwachsener sollten Sie Ihre Mühe auf selbstständiges Tun verwenden: Hier haben Sie das beste Verhältnis von Mühe und Erfolg, z. B. in Rhetorik.

- Verknüpfen Sie neue Lerninhalte mit bekannten, dann werden sie am leichtesten in das Langzeitgedächtnis übernommen (Assoziation).
- Verbinden Sie auch die Inhalte mit farbigen Bildern, außergewöhnlichen Bewegungen und klaren, deutlichen Geräuschen.
- Stellen Sie sich die lernende Handlung in der Fantasie vor: Sie lernen viel leichter (mentales Training).
- Zwischen der Aufnahme einzelner Informationen sollten Abstände sein. Wenn zwei Fächer sich sehr ähnlich sind, z. B. Englisch und Französisch, dann sollten Sie diese in zeitlichem Abstand lernen. Vermeiden Sie beim Lernen alle Störungen und Ablenkungen, weil sie die Integration in das Gedächtnis behindern, z. B. Geräusche, Gerüche und blendendes Licht; nach Möglichkeit auch Hunger, Durst, Schmerzen, Müdigkeit, Ängste, Liebeskummer.

4.2.5 Lernpsychologie

Das Gedächtnis ist der Diener unserer Interessen.

Thornton Wilder

Entscheidend für die Lernleistung sind also die Interessen, d. h. die Willensstärke und Richtung bzw. der Inhalt des Lernwillens. Die Interessen können wir sehr stark beeinflussen, insbesondere durch klare Vorstellungen über die privaten und beruflichen Ziele.

Aufgaben

Machen Sie sich bewusst, was Sie lernen wollen, indem Sie sich folgende Fragen in Stichworten beantworten:

1 Was sind meine beruflichen Ziele?

2 Welche privaten Ziele habe ich?

3 Welche Kenntnisse möchte ich dazu erwerben (Wissen)?

4 Welche Fähigkeiten will ich verbessern (Oberziele, z. B. Rede halten)?

5 Welche Fertigkeiten sind dazu nötig (z. B. Körpersprache einsetzen)?

Wichtige Hilfen für die klare Zielfindung sind Gespräche mit einem guten Zuhörer und Selbstgespräche (innerer Dialog – wie der Schauspieler auf der Bühne). Mit dem inneren Dialog stärken oder schwächen wir auch unseren Willen. Besiegen Sie die destruktive Suggestion „Das kann ich nicht." Sagen Sie sich überzeugend und fest: „Das schaffe ich!" Beschreiben Sie das Ziel konkret, als hätten Sie es schon erreicht – kurz-, langfristig und idealistisch: „Ich habe bis Freitag die Kapitel für die Klausur gelernt und behalten." „In zwei Jahren bin ich Betriebswirt." „ In fünf Jahren (15 Jahren) bin ich ..." Schieben Sie die Realisierung nicht hinaus, sondern beginnen Sie mit der Arbeit möglichst sofort.

Der Langsamste, der sein Ziel nicht aus den Augen verliert, geht immer geschwinder als der, der ohne Ziel herumirrt.

Lessing

Jede Wahrnehmung wird von uns mit einer **emotionalen Qualität** „angereichert": gut, angenehm, wichtig, böse, schlecht, unwichtig. Rein sachliche Informationen gibt es nicht – immer ist das Gefühl beteiligt. Wir erinnern uns lieber an Angenehmes. Darum sollten wir in stress- und angstfreier Atmosphäre lernen und in den Inhalten Positives suchen und finden. Dazu gehört eine Portion Humor und Heiterkeit. In dieser Verfassung erzielen wir bessere Ergebnisse. Es ist das Gewürz, das jede Lernspeise wohlschmeckend macht. Darum lasst uns immer mal wieder lachen, denn herzliches Lachen fördert nachweislich die Gesundheit. Was wir in heiterer Atmosphäre lernen, an das erinnern wir uns leichter.

Wenn wir glücklich sind, sind wir immer gut.

Oscar Wilde

Stress

Schwierig ist das Lernen unter Stress. Der Begriff wurde 1950 von dem Mediziner Selye aus der Physik in die Biologie übertragen. Die ursprüngliche Bedeutung „Anspannung ..." verwenden wir bei Belastungen, Anstrengungen und Frustrationen.

Es gibt vier Arten von Stress:

1. **Zu viel Arbeit:** Überforderung. Wenn danach eine angemessen lange Zeit der Entspannung folgt, dann ist dieser Stress relativ ungefährlich.
2. **Zu wenig Arbeit:** Unterforderung, Langeweile, überflüssig sein, Existenzangst.
3. **Eustress:** Angenehme Belastung, die wir gern übernehmen, besonders wenn sie erfolgreich endet, z. B. bestandene Prüfungen, sportliche Leistungen.
4. **Distress** wirkt zerstörerisch. Er entsteht, wenn wir unter Angst, Schreck, Schmerzen oder Hektik arbeiten müssen; wenn wir unter Temperatur, Lärm, Emissionen oder unter einem autoritären Chef, neidischen, misstrauischen Kollegen, besonders unter Mobbing leiden.

   Es entstehen Denkblockaden, Gedächtnislücken bis zum Blackout und Herzinfarkt. Die gleichen Folgen haben falsche innere Einstellungen und negative Glaubenssätze wie: „Lernen ist unangenehm." „Das schaffst du doch nicht." „Das Fach ist doch wertlos – das Lernen taugt nichts." ...

   Führen Sie immer wieder den inneren Dialog, der Sie motiviert. Zeigen Sie Humor.

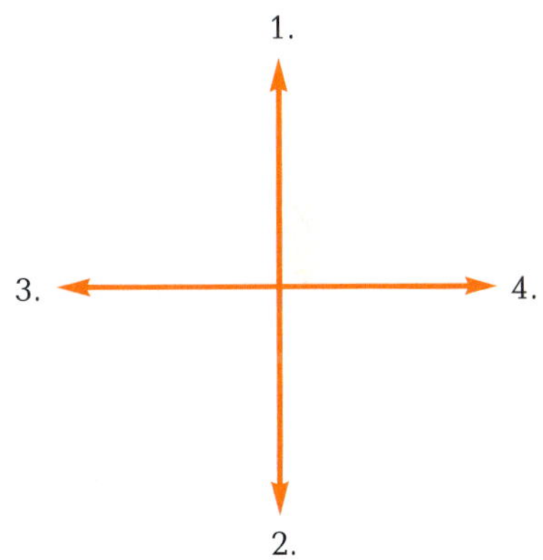

Hilfreich ist sicher auch die von Schultz entwickelte klassische Entspannungsmethode des **autogenen Trainings.** Sie enthält bewusst herbeigeführte Vorstellungsbilder wie Schwere, Wärme und Ruhe.

Autogenes Training

Das Autogene Training (AT) ist eine Entspannungsmethode. Sie wurde in den zwanziger Jahren dieses Jahrhunderts durch J.H. Schultz (1889–1970) entwickelt. Das AT hilft jedem, der bereit ist, sich selbst zu helfen. Sie können es anwenden, um sich zu entspannen und neue Kräfte zu sammeln – oder Stress, Angst, Nervosität, Konzentrationsstörungen zu mildern. Sie brauchen nur fünf bis zehn Minuten täglich zu üben. Doch dies sollten Sie regelmäßig tun. Der Erfolg hängt davon ab, dass Sie täglich trainieren. In einem ruhigen Zimmer, das nicht zu hell ist, können Sie am Anfang am besten üben. Wenn Sie die Methode später beherrschen, können Sie diese überall anwenden.

Illustration: Metz & Schütz

Der Erfolg zeigt Ihnen, ob Sie es richtig machen. Werden Ihre Arme und Beine schwer? Fühlen Sie sich angenehm entspannt? Dann sind Sie auf dem richtigen Weg. Haben Sie Geduld, alles braucht seine Zeit.

Übungstechnik

1. Schritt: Vorbereitung

- Sichern Sie sich vor äußeren Störungen.
- Nehmen Sie Entspannungshaltung ein.
- Schließen Sie die Augen.

2. Schritt: Ruhetönung

Sie sagen sich zur Einstimmung:
„Ich bin ruhig, gelöst und entspannt.
Geräusche sind ganz gleichgültig, sie rücken in weite Ferne.
Gedanken sind ganz gleichgültig, sie kommen und gehen wie Wolken am blauen Himmel.
Ich bin ruhig, ganz ruhig und entspannt."

Sie können sich auch an eine frühere entspannte Situation erinnern, an ein Bild, das für Sie Ruhe ausstrahlt oder Sie denken: „Die Ruhe kommt ganz von selbst."

3. Schritt: Schwere-Formel

Mein rechter Arm ist schwer, ganz schwer, angenehm schwer.
Mein linker Arm ist schwer, ganz schwer, angenehm schwer.
Beide Arme sind schwer, ganz schwer, angenehm schwer.

Mein rechtes Bein ist schwer, ganz schwer, angenehm schwer.
Mein linkes Bein ist schwer, ganz schwer, angenehm schwer.
Beide Beine sind schwer, ganz schwer, angenehm schwer.

Die einzelnen Formeln denken Sie mindestens dreimal. Bei häufigem Üben stellen Sie fest, dass Sie die Formeln weniger oft wiederholen müssen.

4. Schritt: Wärme-Formel

Mein rechter Arm ist warm, ganz warm, angenehm warm.
Mein linker Arm ist warm, ganz warm, angenehm warm.
Beide Arme sind warm, ganz warm, angenehm warm.

Mein rechtes Bein ist warm, ganz warm, angenehm warm.
Mein linkes Bein ist warm, ganz warm, angenehm warm.
Beide Beine sind warm, ganz warm, angenehm warm.

5. Schritt: Atem-Formel

Meine Atmung ist ganz ruhig und gleichmäßig.
Es atmet in mir.

6. Schritt: Herz-Formel

Mein Herz schlägt ruhig und gleichmäßig (kräftig).

7. Schritt: Sonnengeflecht-Formel

Mein Bauch ist strömend warm.

8. Schritt: Kopf-Formel

Stirn und Kopf sind kühl, angenehm kühl.

9. Schritt: Zurücknahme

Das AT beenden Sie mit den Worten:
Arme fest anziehen!
Tief durchatmen!
Augen auf!
Dadurch nehmen Sie die Schwere wieder zurück. Sie fühlen sich entspannt und voller Energie.

Illustration: Metz & Schütz

Aufgaben

1 Schreiben Sie in Stichworten auf, was in Ihnen Disstress erzeugt.

2 Beschreiben Sie das Gefühl, das Sie nach einer bestandenen Prüfung haben – oder nach einem gewonnenen Spiel.

3 Sagen Sie überzeugend zu sich: „Ich muss. – Ich will. – Ich kann."

4 Machen Sie die o.g Übungen des autogenen Trainings. Was empfinden Sie dabei?

4.2.6 Lernmethoden

Lernen ist Verhaltensänderung.
Wissenserwerb ist nur die Vorstufe dafür.

Sie sollen natürlich nicht ein anderer Mensch werden, sondern zu Ihren Fähigkeiten neue dazulernen, um besser sehen, hören, verstehen, sprechen, schreiben und handeln zu können. Dazu gehört, dass Sie gleichzeitig möglichst viele Lernkanäle benutzen: sehen, hören, riechen, schmecken, fühlen, sich bewegen. Die gleichzeitige Nutzung möglichst vieler Lernkanäle führt zu besserem Verstehen und Behalten. Natürlich gibt es unterschiedliche Lerntypen. Gruppenuntersuchungen Erwachsener haben aber ergeben, dass wir nach drei Tagen im Durchschnitt noch folgende **prozentuale Behaltensquoten haben:**

Behaltensquoten

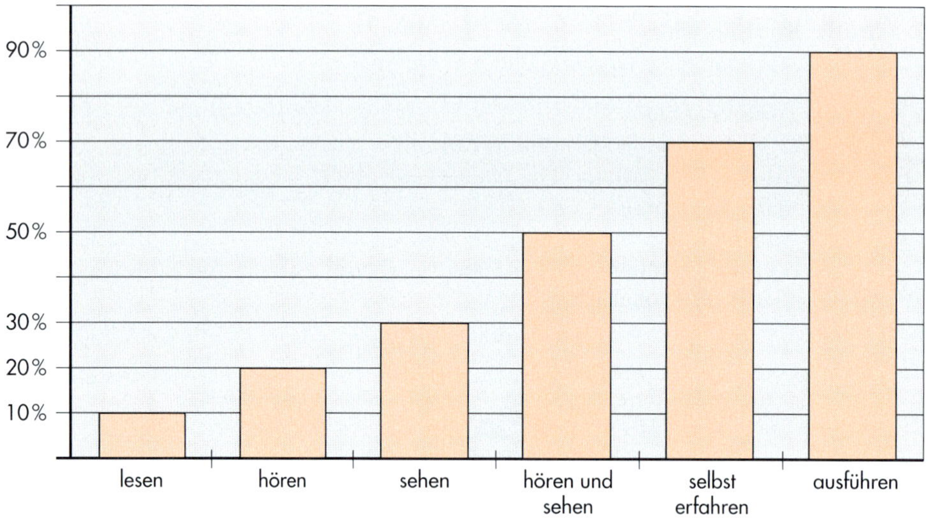

- ▶ Ergänzen Sie das, was Sie lesen, mit Zeichnungen.
- ▶ Nutzen Sie mehrere Sinne.
- ▶ Erarbeiten Sie sich Erkenntnisse selbst (Selbsttätigkeit statt Zuhörerschaft).
- ▶ Wenden Sie möglichst viel selbst an: Schreiben Sie einen Aufsatz, halten Sie eine Rede, führen Sie ein Gespräch ...

Mitschreiben bei Vorträgen ist nur sinnvoll, wenn die Information neu, interessant und nicht aus einem Buch zu entnehmen ist. Es dient aber zur Speicherung (motorische Beteiligung).

Wiederholen = „Wieder holen" des Gelernten ist besonders dann wertvoll, wenn es kurz nach dem Lernen geschieht.

Machen Sie nach jedem Kapitel eine kurze Pause und beantworten Sie sich die Frage: Was habe ich gelernt ? (10 Min.)

Am nächsten Tag wiederholen Sie den gesamten Stoff in Kurzform.

> ***Fürchte dich nicht, langsam zu gehen,***
> ***fürchte dich nur, stehen zu bleiben.***
>
> ***Chinesische Weisheit***

Genauso wichtig wie das richtige Lernen sind **Pausen,** um neue Energien zu tanken, Verspannungen zu lockern, Wissen aus dem Kurz- in das Langzeitgedächtnis gehen zu lassen.

Als günstige Pausenregelungen haben sich ergeben:

- nach ½ Stunde 3–5 Minuten,
- nach 1 ½ Stunden 15–20 Minuten,
- nach 3 Stunden 1 Stunde,
- nach 6 Stunden intensiven Lernens: Ende. Schlafen Sie sich aus!

Prioritäten sollten Sie sich zu Beginn Ihres Lernens setzen, um Wichtiges von Unwichtigem zu trennen. Der amerikanische Präsident Eisenhower hat folgendes Entscheidungsraster erfolgreich angewendet:

Wichtigkeit

Entscheidungsraster	
B-Aufgaben Termin festlegen	**A-Aufgaben** sofort erledigen
Papierkorb 	**C-Aufgaben** delegieren

Dringlichkeit

Sie bewerten die Aufgaben nach Dringlichkeit und Wichtigkeit und ordnen Sie einem der vier Felder zu.

Wichtig ist eine Aufgabe, wenn sie uns einem Ziel näher bringt.

Dringlich ist sie, wenn ihre Vernachlässigung schwere Nachteile hat.

A-Aufgaben: Sofort beginnen, weil z. B. die Klausur in vier Tagen stattfindet.

B-Aufgaben: Wichtig, aber noch nicht dringlich.

C-Aufgaben: Dringlich, aber nicht wichtig, z. B. Brot einkaufen.

Papier- oder Ablagekorb: Aufgaben, die weder wichtig noch dringlich sind.

Problembox: Manche Gedanken kommen wie ungebetene Gäste und lassen uns keine Ruhe. Wir schreiben dazu ein Stichwort auf und beschäftigen uns damit nach getaner Arbeit.

> ***Das ganze Leben ist ein Quiz,***
> ***und wir sind nur die Kandidaten.***
>
> ***Hape Kerkeling***

Die meisten wichtigen Ausbildungen enden mit einer Prüfung, in der wir unser Wissen und Können beweisen müssen. Der Termin liegt lange vorher fest, sodass wir unsere Zeit recht genau planen können. Denken Sie dabei auch an unvorhergesehene Störungen. Bewährt hat sich dabei ein Puffer von etwa 20 % der vorhandenen Zeit.

Aufgaben

1 Bei welchen drei Arbeitsweisen haben Sie die größten Behaltensquoten?

2 Welche Zeiten gelten für die Pausenregelungen?

3 Erstellen Sie für sich ein Entscheidungsraster der Prioritäten.

4 Erstellen Sie einen Zeitplan für die nächste Woche.

5 Textbearbeitung

5.1 Texterörterung

Situation

Sie haben einen Artikel in einer Fachzeitschrift gelesen und fragen sich: Was stand denn eigentlich drin und was bedeutet das für mich?

Wir wollen das am Beispiel des folgenden Textes zeigen:

Versklavt die Maschine den Menschen, der sie bedient? Ford sagte: Nein. Der wirkliche Sklave sei der Mensch ohne die Maschine. Man könne es an den Ländern sehen, wo Männer und Frauen Holz und Wasser auf dem Rücken heranschleppen, wo Handwerker sich tagelang für einen Hungerlohn abplagen, wo ein niedriger Lebensstandard und furchtbare Armut herrschen. Unter solchen Verhältnissen müssten die Menschen leben, die die Geheimnisse der Maschine nicht erkannt haben.

Selbst wenn der Arbeiter, der die Maschine bedient, zum Automaten werde, gehe es ihm besser, als es ihm je gegangen sei; denn wenn er nicht in dieser sauberen und von Klimaanlagen durchlüfteten Fabrik seine sich ständig wiederholenden Handgriffe ausführte, müsste er seine Muskelkraft weit ungünstiger verkaufen und wie ein Tier schuften, müsste etwa bei jedem Wetter Gräben ausheben.

Wenn die Maschine den Facharbeiter acht Stunden am Tag zum Sklaven machte, ermöglichte sie ihm aber auch früher Feierabend zu machen, ein Häuschen sein Eigen zu nennen, wie es sich kein ungelernter Arbeiter je hätte leisten können, und ein Auto zu besitzen.

Nach Henry Fords Wirtschaftsphilosophie war die Maschine eine Urkraft, blind schöpferisch wie die Natur. Diese Kraft freigemacht zu haben, sei des Menschen größte Entdeckung. Die Auswirkungen auf das Sozialgefüge seien unabsehbar und könnten viele neue Probleme heraufbeschwören, doch würden diese Probleme begleitet sein von bis dahin nicht vorstellbarem Wohlstand, und man könne wohl darauf vertrauen, dass sie sich mit der Zeit von selbst lösen würden.

Garet Garret. The Wild Wheel. Der Ausschnitt wurde der Übersetzung eines Teiles des Buches entnommen, der unter dem Titel „Henry Ford – der Mann, der mit den Händen dachte" in „Das Beste aus Reader's Digest" im August 1952 erschienen ist.

Aufgaben

Fassen Sie die Argumentation Garrets zusammen und erörtern Sie die Problematik aus Ihrer Sicht.

Illustration: Metz & Schütz

Acht Arbeitsschritte

1. Erfassen des Themas	Versklavung durch Maschinen
2. Die Fragestellung	Versklavt die Maschine den Menschen, der sie bedient?
3. Analysieren und Sammeln	Grundlage ist der Text. Kennzeichnen Sie die These(n) und Argumente am Rand (z. B. Th.; A1; A2; ...). Ansonsten dienen Lexika, Zeitungen, Zeitschriften, Bücher, Erlebnisse, Beobachtungen ...
4. Ordnen	– These(n) und Argumente des Textes – eigene These(n) und Argumente a) Argumente für eine Versklavung b) Argumente dagegen
5. Gliedern	
A. Rahmenbedingungen	– Wer schreibt? – Wann? – Wo: In welchem Publikationsorgan? – Worüber? Überschrift und Thema
B. Erörterung	
1. Textwiedergabe	Nachzeichnen des Gedankengangs
2. Analyse der Aussagen	Was will der Autor erreichen?
3. Stellungnahme	bei Ablehnung: Gegenthese und Gegenargumentation; bei Zustimmung: steigernde (ergänzende) Erörterung
C. Ergebnis	Sie stimmen der These (mit Einschränkungen) zu oder Sie lehnen sie (größtenteils) ab.
6. Manuskript erstellen	Bei der Formulierung der Textwiedergabe ist zu beachten, dass zwischen referierten und eigenen Gedanken sorgfältig unterschieden werden muss.
7. Reinschrift	Vgl. freie Erörterung
8. Durchlesen	... und verbessern

Schreiben Sie eine Texterörterung zu Garrets Text. **Aufgabe**

Heiraten – wozu denn?

Das Thema ist brisant geworden. Immer mehr Menschen werden ehescheu, lehnen eine Heirat ab oder verzögern sie – eine Entwicklung, die in den frühen 70er-Jahren begann ...

Karin Paschke (29), Krankenschwester, Bernd Dressler (34), Kraftfahrzeugmechaniker, realisieren dies in einer mittelfränkischen Kleinstadt. Seit vier Jahren wohnen sie zusammen.

„Ich habe mit vierundzwanzig geheiratet", sagt er, „Trauung in der Kirche. Ja, gelobt man da, ja bis zum Tod. Man ist sogar überzeugt davon. Und nach drei oder vier Jahren weiß man dann: Es läuft überhaupt nicht. Wir waren beim Eheberater, in einer Gruppe. Hat alles nichts genützt. Nachdem ich ein Jahr geschieden war, habe ich Karin kennen gelernt ... und wir wollen nun keine so normale Ehe führen ..."

„Ich hatte vor Bernd einen anderen Freund", erzählt Karin Paschke, „mit dem habe ich drei Jahre zusammengelebt, dann haben wir uns getrennt ... Ich habe mir schon als ganz junges Mädchen geschworen, dass ich mal nicht heiraten werde ..."

In der vom Bonner Familienministerium in Auftrag gegebenen ersten großen Untersuchung über „nichteheliche Lebensgemeinschaften in der Bundesrepublik Deutschland" heißt es an einer Stelle: „Die Ehen von Eltern, Schulkameraden, Geschwistern und Freunden werden oft als Negativ-Vorbilder genannt."

Vom üblichen Ehealltag halten die Befragten nicht viel. Nach ihrer Meinung ist er durch Routine und Langeweile gekennzeichnet. „Abends sitzen sie vor dem Fernseher und haben kein Gesprächsthema." „Nachts gehen sie in ihr Zimmer, machen die Tür zu und legen sich in so 'ne Kiste." „Niemand darf mehr in die Wohnung. Die Freunde sind verloren gegangen."

„Die Ehe lähmt eine Beziehung, erdrückt sie, zerstört sie" – typische, sich immer wiederholende Aussagen. „Zu eng, zu abgeschlossen, zu isoliert, zu starr." „Der Trauschein suggeriert ein Gefühl der Sicherheit. Man bemüht sich nicht mehr umeinander." Dem versuchen sie nun zu entkommen, indem sie die Eheschließung einfach verweigern. Sie wollen es anders anpacken, die Wilden, die so wild gar nicht sind. Selbst die evangelische Kirche (die ein grundsätzliches Ja zur Ehe fordert) erkennt in einer kürzlichen Stellungnahme an: „Treue, Liebe und Verlässlichkeit können auch eine nichteheliche Lebensgemeinschaft prägen – in einer Ehe, die etwa nur um äußerer Vorteile willen zustande gekommen ist, können sie ganz fehlen."

Was die Nichtehelichen gegenüber den Verheirateten höher bewerten sind:

- eigene Unabhängigkeit
- eigener Freundeskreis
- eine adäquate Bildung beider Partner
- Berufstätigkeit der Frau
- bei Hausarbeit Arbeitsteilung
- Offenheit in Konfliktfällen
- Trennungsmöglichkeit

Von mehr Freizeit und mehr Freiraum in der Beziehung ist oft die Rede. Eine gewisse Distanz als Überlebensstrategie: sich nicht aneinander festklammern. Zitat: „Nicht nur die jungen, sondern auch ein Großteil der älteren Befragten sind der Meinung, dass die Lebendigkeit einer Partnerschaft nur dann erhalten bleibt, wenn sich beide Partner die Fähigkeit bewahren, zeitweise voneinander unabhängig zu leben. Deshalb wünscht man sich Unabhängigkeit auch in den Kontakten zur Außenwelt. Man möchte sich mit Freunden treffen können, ohne dass der andere dabei ist, auch über Nacht wegbleiben oder allein verreisen können ..."

Quelle: BRIGITTE, Nr. 19/86, S. 107 ff. Familie '88: Keiner lebt für sich allein, H. 52/1988. Hrsg.: Bundeszentrale für politische Bildung, Bonn S. 9

Analysieren Sie den Text: „Heiraten – wozu denn?". Gehen Sie bitte dabei auf folgende Leitfragen ein:

Aufgaben

1 Wie stellt die Autorin den Ehealltag dar?

2 Welche positiven Aussagen über die Ehe fehlen?

3 Mit welchen Attributen kennzeichnet die Verfasserin die außereheliche Gemeinschaft?

4 Welche Aspekte über die außereheliche Gemeinschaft fehlen?

5 Zu welchem Schluss kommt der Beitrag in der „Brigitte"?

6 Ist die Darstellung objektiv? Nehmen Sie zu den Aussagen Stellung.

Lösungshilfen

„Heiraten – wozu denn?"			
Fehlende Aussagen über die Ehe	**Darstellung des Ehealltags**	**Darstellung der außerehelichen Gemeinschaft**	**Fehlende Aussagen über die außereheliche Gemeinschaft**
a) – finanzielle Vor teile (z.B. Steuer) – Nichtverdiener steht Haushaltsgeld zu – Erziehungsrecht haben beide – Erbfolge/Rente gesetzlich geregelt b) – Partner ver pflichten sich aus Liebe zum „Nächsten" – weniger Angst, mehr Gelassenheit, Geborgenheit, Glück und Freiheit möglich – größere emotionale Sicherheit für alle	– Routine und Langeweile – kein Gesprächsstoff – Freunde gehen verloren – Ehe lähmt Beziehung, erdrückt und zerstört sie – zu eng, abgeschlossen, isoliert und starr – Sicherheit wird nur suggeriert – man bemüht sich nicht mehr umeinander	– Treue, Liebe, Verlässlichkeit gut möglich – Unabhängigkeit bleibt – eigener Freundeskreis – Gleichberechtigung bzgl. Bildung, Beruf, Arbeitsteilung im Haushalt – Offenheit in Konfliktfällen eher gegeben – Trennung leichter – größere Lebendigkeit – größerer Freiraum	– finanzielle Nachteile – kein Anspruch auf Haushaltsgeld – Erziehungsrecht fällt Mutter zu – kein gesetzlicher Anspruch auf Erbe/Rente des Partners – Partner gehen keine rechtlichen Verpflichtungen ein – mehr Angst vor Trennung, weniger Freiheit – größere emotionale Unsicherheit für alle
↓ Positives	↓ Negatives	↓ Positives	↓ Negatives

Antiautorität

Antiautorität, wie ich sie verstehe, hat nichts mit Politik zu tun. Summerhill* ist dann antiautoritär, wenn unter „autoritär" die Herrschaft der Erwachsenen über die Kinder verstanden wird. In der Praxis haben wir unsere eigene Autorität: die Schulversammlung.

Ich habe schon lange den Glauben daran aufgegeben, dass sich Reformen auf dem Umweg über die Politik erreichen ließen. Politisch wurde die russische Revolution gemacht und am Anfang bedeutete sie Freiheit in den Schulen, Freiheit auch des Sexus. Aber jeder, der heute in einem kommunistischen Land diese persönliche Freiheit noch entdecken kann, muss einen Sehfehler haben.

Die Politik in Großbritannien wie in den Vereinigten Staaten tut nichts, jene repressive Institution zu ändern, die wir Erziehung nennen. Sie tut eher das Gegenteil. Sie programmiert Kinder so, dass sie den jeweils herrschenden Mächten der politischen und wirtschaftlichen Bosse folgen.

Es handelt sich daher nicht um eine Frage von Kommunismus versus Kapitalismus, sondern um die wirkliche Freiheit eines natürlichen Wachstums ohne Indoktrination. Das ist Summerhill. Und ich wende mich dagegen, dass meine Schule abgestempelt wird als kommunistisch oder sozialistisch oder konservativ oder was nun gerade dran ist.

Von unseren Schülern ist noch keiner Politiker geworden. Vielleicht sind sie für dieses Metier zu aufrichtig. Ein Politiker muss es beinahe unmöglich finden, ehrlich zu sein.

Ein britischer Premierminister mag persönlich den Krieg in Vietnam für ein Verbrechen gegen die Menschheit halten, aber aus politischen, ökonomischen, militärischen Gründen muss er die Vereinigten Staaten unterstützen. Wenn ich ein Parlamentsabgeordneter wäre mit einer Mehrheit von Katholiken oder Baptisten in meinem Wahlkreis, dann fände ich es wohl schwer, einer Gesetzesvorlage zuzustimmen, in der Schwangerschaftsunterbrechung oder Homosexualität legalisiert wird.

Die großen Menschen dieser Welt, Beethoven, Freud, Einstein, Shakespeare, waren nicht politisch, sondern kreativ tätig. Politische Strömungen herrschen und verschwinden wieder. Aber große Gedanken, große Kunstwerke, große Kompositionen sind unsterblich; und unsterblich sind Freiheit, Liebe, Mitleid, Aufrichtigkeit. Daher stehen sie im Mittelpunkt der Erziehung in Summerhill.

In einer kranken Welt muss auch die Politik krank sein. Am stärksten von ihr angezogen werden dann Leute, die sich selber bestätigt finden wollen, die nach Macht streben und nur in Kategorien der Macht denken; obwohl gewiss mancher Politiker seine Laufbahn begonnen hat mit dem aufrichtigen Wunsch, die Menschen besser zu machen.

Die Männer im britischen Parlament, die den Sklavenhandel abgeschafft haben, die Kinderarbeit und die Todesstrafe, waren gewiss aufrichtige Wohltäter. Aber in der Regel haben sie einen schweren Stand gegen lebensfeindliche Politiker.

Nein, Summerhill will mit diesem politischen Schachspiel nichts zu tun haben, und ich möchte, dass die ZEIT-Leser das wissen.

A.S. Neill, aus dem Englischen von R. W. Leonhardt; „Die Zeit"

* Summerhill ist eine Internatsschule, in der die Erwachsenen auf jegliche Art der Beeinflussung von Schülern verzichten wollen.

Aufgaben

1 Wie definiert der Autor „autoritär"?

2 Fassen Sie die Aussagen in etwa sechs Sätzen zusammen.

3 Was ist nach Neill Ziel der Erziehung?

4 Warum lehnt er die Politik ab?

5 Nehmen Sie kritisch Stellung zur Gesamtaussage, insbesondere zu den letzten beiden Abschnitten.

Wie Kinder in Nestlosigkeit und Verwilderung getrieben werden

„Wir haben solche Not mit unserem Jungen", klagt die Mutter. „Schauen Sie, hier: Dieses alles sind von uns bezahlte Rechnungen für Beschädigungen in der Schule, im Schulbus, im Gemeindehaus, die unser Klaus in den letzten beiden Jahren angerichtet hat. Der ist schon geradezu gewalttätig", fügt sie hinzu und schaut mich Hilfe heischend an. „Warum haben Sie ihn denn nicht mitgebracht, wie Sie es vorhatten?", frage ich. „Konnte ich nicht", erwidert die Mutter, „er ist auf der Friedensdemo." Nicht nur eine einzelne Mutter klagt so; die Bilanzen in vielen Schulen weisen Gleiches nach. Die Sachbeschädigungen, der Vandalismus durch die Schüler hat zu einem gewaltigen Anstieg der laufenden Reparaturkosten geführt. Und oft sind es die gleichen jungen Menschen, die den Wehrdienst ablehnen, die sich leidenschaftlich dafür einsetzen, Frieden zu schaffen ohne Waffen. Warum ist in manchen von ihnen selbst so viel Unfriede, so viel verachtende Wut, dass sie sie an fremdem Eigentum auslassen müssen? Wenn man Gelegenheit bekommt, in die Vorgeschichte junger Sachbeschädiger hineinzuleuchten, so ergibt sich meist, dass der zerstörerische Hang viel früher auftrat, als es ihnen möglich wurde, dafür eine Scheinbegründung anzugeben, die man ihnen später per Indoktrination anbot und die sie heute im Brustton der Überzeugung von sich reden, wenn man sie danach fragt, etwa so „Gewalt gegen Sachen ist eine erlaubte Waffe des Ohnmächtigen, der genötigt ist, in einem repressiven System zu leben."

Diese Begründung ist, wie gesagt, meist erst nachträglich gefunden. Der Grundschüler, den empörte Lehrer und Eltern fragen, warum er die Sitze im Bus aufschlitzt, warum er das Hausmeistertelefon aus der Halterung gerissen, warum er die Antennen der Lehrerautos eingeknickt habe, hatte noch schulterzuckend erwidert: „Weiß nicht, das kam eben so." Diese Antwort ist noch ehrlich, denn die meisten Kinder wissen eben nicht, warum sie derlei tun, es immer wieder tun und schließlich nach einem Zusammenschluss mit ebenso Aggressiven im gemeinsamen Rausch geradezu Zerstörungsorgien inszenieren.

Rechtzeitig an die Spielregeln gewöhnen

Die große, bald nicht mehr steuerbare Wut von Kindern ist entweder die Folge eines kranken Gehirns oder einer Fehlerziehung. Sie kann meist schon in jungen Jahren ihren Anfang nehmen dadurch, dass berechtigte Bedürfnisse des Kindes nach Sicherheit, Geborgenheit und Liebe ungesättigt bleiben. Sie kann durch eine grausame, gewalttätige Prügelerziehung ebenso entstehen wie durch eine vernachlässigende, laufen lassende Erziehung, die es versäumt, den Kindern rechtzeitig Grenzen zu setzen.

Der nicht-frustrieren-wollende Erziehungsstil ist eine Ideologie, der viele wohlmeinende Eltern aufgesessen sind, weil er sich so massiv als fortschrittlicher Trend gebärdete. Dabei setzt diese Ideologie ein rousseauistisches Menschenbild voraus, das in Wirklichkeit extrem reaktionär ist (Hinzufügung durch den Schriftführer: Rousseau, französischer Philosoph, seine Grundthese: Der Mensch ist von Natur aus gut, aber die Verhältnisse [gesellschaftlich, politisch, wirtschaftlich usw.] sind schlecht und machen daher den von Natur aus guten Menschen immer wieder schlecht und boshaft. Darum der Ruf aller revolutionären Ideologien: Ändert die Verhältnisse und der Mensch kann wieder sein, was er von Natur aus ist!); denn die wissenschaftliche Pädagogik hatte in zwei Jahrhunderten der Forschung genug Zeit und Gelegenheit, die These vom angeborenen Gutsein des Menschen, das nur durch die Erzieher verdorben würde, infrage zu stellen und zu widerlegen. In Wirklichkeit ist der Mensch ein Freigelassener der Schöpfung, der während seines langen Reifungsprozesses der phasenspezifischen Anregung, der sorgsamen liebevollen Bemühung durch seine Erzieher bedarf. Dazu gehört vor allem aber eine Gewöhnung im Alltag an eine feste Ordnung, an klare, überschaubare und konsequent eingehaltene Spielregeln.

Versäumnisse dieser Art erzeugen in den jungen Kindern ein Gefühl der Schutzlosigkeit. Die Kinder missverstehen ihre Eltern und Erzieher, die ihnen nichts verbieten, als die lieblos-gleichgültigen. Und gerade durch diese Situation entsteht das Empfinden, nicht geliebt zu sein.

Abklärende Forschungsergebnisse lagen längst sowohl in der Pädagogik wie in der Kinderpsychotherapie vor, als man sich leichtfertig darüber hinwegsetzte und begann, unsere Kinder durch die Zumutung eines Übermaßes an antiautoritärer Erziehung in die Verwilderung zu schicken.

Es ist nicht die Schuld der unwissenden Eltern, dass sie nun so viel Elend mit ihren aus den Fugen geratenen Jugendlichen durchzustehen haben; es ist vielmehr die Schuld der maßgeblichen Fachleute, die sich wider besseres Wissen opportunistisch dem Trend anpassten, dadurch zu Lehrstühlen und Ehrenplätzen kamen, die sie heute noch innehaben, ohne für ihr Mitlaufen zur Verantwortung gezogen zu werden.

Aber eine Fehlentwicklung, die zum Vandalismus führt, kann sich auch und zusätzlich durch andere Voraussetzung anbahnen. Sie kann sich verstärken durch das Unglück von Nestlosigkeit und Scheidungswaisenschicksal wie natürlich durch schulisches Versagen, das bald die Folge solchen Unglücks im Einzelschicksal ist.

Vor allem aber: Die Vorbereitung zur generalisierten, ansteckenden Wut gegen alles und jedes kann durch aufhetzende Parolen eine unverantwortliche Steigerung erfahren. Die Verweigerung, die Gewalt gegen die böse Gesellschaft wird heute nur allzu häufig zur beklatschten Heldentat hochstilisiert, die den jungen Akteur in seinem zwanghaften Zerstörungsdrang geradezu legitimiert.

Selten einmal durchschauen die Mitläufer, die „Gewalt gegen Sachen" für ein legitimes Mittel der Durchsetzung in einer liberalen Demokratie halten, wie sehr sie sich damit zu Erfüllungsgehilfen eines Programms machen, das das Ziel hat, mithilfe eines Marsches durch die Institutionen genug revolutionäres Potenzial zur Abschaffung dieses Gesellschaftssystems zu gewinnen. Dabei ist es kein Kunststück, sondern böseleichtes Spiel, Kindern die Missachtung von Ordnungsforderungen aufzunötigen und ihre natürliche Aggressivität zur Zerstörungswut umzupolen. Vandalismus ist eine ansteckende Krankheit.

... Das führt dazu, dass jene Lehrer, die die Ideologie der „berechtigten Gewalt gegen Sachen" nicht verstärken, sondern die der Zunahme zerstörerischer Elemente mit Beunruhigung und Sorge begegnen, selten in der Lage sind, dem Treiben Einhalt zu gebieten, wenn es erst einmal eingerissen ist und Mitläufer und Nachahmer gefunden hat. Sie erfahren in manchen Bundesländern nicht mehr den hinlänglichen Schutz ihrer Behörden, um sich durch Strafen und Schulverweisungen zur Wehr zu setzen. Resigniert, geduckt erwarten sie den Tag der Schülerentlassungen jener Klassen, in denen der Vandalismus zu einer ansteckenden Krankheit geworden ist.

Es ist unwahrscheinlich, dass Frieden in der Welt durch entfesselte Anarchie eine realistische Vorbereitung erfährt. Wir sollten uns darum bemühen, mehr Eltern in die Lage zu versetzen, dass sie durch ihre Zuwendung, ihre Mühewaltung, ihre Opferbereitschaft, ihre konsequente Gelassenheit schon in den ersten Jahren der Erziehung Zufriedenheit als Charakterzug bei ihren Kindern vorbahnen. Dann hätten wir eher Aussicht darauf, dass die Friedfertigkeit zunimmt. Denn das kann nur geschehen, wenn die Zahl derjenigen Menschen wächst, die einen seelisch gesunden, ausgeglichenen, in sich selbstzufriedenen Charakter haben. Friedensforschung sollte deshalb nicht allein eine Sache von Instituten, sondern Angelegenheit einer die Eltern und ihre elterliche Autorität abstützenden Familienpolitik sein.

Auszug aus „Die Welt" von Christa Meves

Illustration: Metz & Schütz

Aufgaben

1 Beantworten Sie anhand des Textes die folgenden Fragen:

a) Mit welchen Beispielen werden die Verhaltensweisen der Jugendlichen belegt?
- Sind diese typisch?
- Nennen Sie weitere Beispiele.

b) Welche Gegensätze zwischen Bewusstsein und Handlung werden deutlich?

c) Beschreiben Sie die dem Fehlverhalten zugrunde liegenden Ursachen.
Was sollte Ihrer Meinung nach konkret getan werden? – Von wem?

d) Kennzeichnen Sie den genannten Erziehungsstil, dessen Hintergründe und die Meinung der Autorin dazu.
Können Sie dem zustimmen?

e) Wie wird der Mensch hier definiert? Welche Bedürfnisse hat er?
Welche Folgen rufen unbefriedigte Grundbedürfnisse hervor? – Warum?

f) Wem wird die Schuld an diesen Entwicklungen zugeschrieben?
Woraus resultiert dieses Verhalten?

g) Welche zusätzlichen emotionalen Voraussetzungen können zum Vandalismus führen?

h) Welches Verhältnis haben Anführer und Mitläufer zur Gewalt?

i) Wozu führt diese Ideologie bei den Lehrern?

j) Zu welchen Konsequenzen und Forderungen kommt die Autorin?

2 Nehmen Sie Stellung zu den Forderungen der Autorin.

3 Welche konkreten Folgerungen ziehen Sie daraus für den Umgang mit jüngeren Mitarbeitern und Auszubildenden?

Harmloser Grusel oder Staat der Gewalt

In der Bundesprüfstelle für jugendgefährdende Schriften habe ich in den vergangenen Jahren weit über 500 Filme gesehen. Bei mehr als 400 stimmte ich für die Indizierung. Ein- oder zweimal in der Woche sitzen wir zu dritt da und schauen uns von früh bis spät Videofilme an. Gefühl und Geschmack spielen bei dieser Arbeit keine Rolle, nur die vom Gesetz aufgestellten Normen. (...)

Dass jemand getötet wird, ist heutzutage schon in jedem Krimi zu sehen. Aber es kommt darauf an, wie das gezeigt wird. Muss etwa im Detail zu sehen sein, wie einer enthauptet wird, wie der kopflose Rumpf in Großaufnahme zuckt, das Blut spritzt? (...)

Sollen wir ohne Widerspruch dem Trend folgen, der im Film immer mehr „Action" verlangt – ein Messerstich allein reicht nicht, das Messer muss in der Wunde gedreht werden?

Dass da in Wirklichkeit Ketschup und Marmelade spritzen, nicht Blut, spielt wirklich keine Rolle. Es kommt auf die Absicht und Wirkung dieser Filme an. Darauf, dass Konflikte offenbar nur noch durch Anwendung körperlicher Gewalt lösbar sein sollen, bis hin zum Massakrieren des Gegners. So ist das bei den Kung-Fu-Filmen, in denen eine Gewaltorgie wie die andere verläuft. Und so geht das auch in den Zombie-Filmen. Zombies sind keine Menschen, heißt die These. Deshalb ist jede nur vorstellbare Grausamkeit gegen sie erlaubt und darf genüsslich ausgemalt werden.

Mir fällt dazu immer wieder ein: Für die Nazis waren die Juden auch keine Menschen, sondern Schädlinge. So haben die Barbaren den Völkermord begründet.

Mit ist natürlich klar, dass es die von der Bundesprüfstelle indizierten Videofilme sehr oft im Kino zu sehen gibt. Ich weiß auch, dass viele Minderjährige über ihre Eltern an solche Videos herankommen. Vielleicht wirkt das, was wir tun, nur wie ein Tropfen auf den heißen Stein. doch täten wir nichts, würden diese Gräuel noch weiter ausufern. Jugendschutz muss sein. Gegen indizierte Videofilme werden Werbe- und Vertriebsauflagen verhängt. Das zeigt schon Wirkung.

Mit Zensur oder einer „Aktion sauberer Bildschirm" hat diese Prüfung nichts zu tun. Sondern damit, dass wir Rücksicht auf Minderjährige verlangen. Sie müssen vor Schocks, die solche Filme auslösen können, bewahrt werden. Eine demokratische Gesellschaft darf nicht bloß gesetzliche Maßstäbe für einen menschlichen und fairen Umgang miteinander aufstellen. Sie muss auch darauf achten, dass diese Normen nicht verfälscht oder außer Kraft gesetzt werden, weil die Unterhaltungsindustrie mit brutalen Filmen Geschäfte machen kann.

aus einer deutschen Wochenzeitschrift

Aufgaben

1 Beschreiben Sie das dargestellte Problem.

2 Was hat sich bis heute geändert?

3 Warum ist das Spritzen mit „Ketschup und Marmelade" so gefährlich?

4 Zu welchen Schlussfolgerungen kommt der Autor?

5 Nehmen Sie zu den Ausführungen Stellung.

6 Halten Sie vor dem Rechtsausschuss des Bundestages eine Rede, in der Sie Ihre Forderungen stellen.

„Jetzt wächst zusammen, was zusammengehört“

Willy Brandt vor dem Schöneberger Rathaus in Berlin am 10. November 1989

Bild: Landesarchiv Berlin/Lehnartz

Dies ist ein schöner Tag nach einem langen Weg. Doch wir befinden uns erst an einer Zwischenstation. Wir sind noch nicht am Ende des Weges angelangt. Es liegt noch eine Menge vor uns.

Die Zusammengehörigkeit der Berliner und der Deutschen überhaupt manifestiert sich auf eine bewegende, auf eine uns aufwühlende Weise, am bewegendsten dort, wo getrennte Familien endlich wieder ganz unverhofft und tränenvoll zusammenfinden. Mich hat auch das Bild angerührt von dem Polizisten auf unserer Seite, der rübergeht zu seinem Kollegen und sagt: „Jetzt haben wir uns so viele Wochen, vielleicht Monate auf Abstand gesehen, ich möchte Ihnen einmal die Hand geben.“ Das ist die richtige Art, sich dem jetzt Anstehenden zu nähern: einander die Hand zu reichen, nachtragend nur dort zu sein, wo es unbedingt sein muss. Und, wo immer es geht, Bitterkeit zu überwinden. Das habe ich auch heute Mittag am Brandenburger Tor gespürt …

Es wird jetzt viel davon abhängen, ob wir uns – wir Deutsche, hüben und drüben – der geschichtlichen Situation gewachsen erweisen. Das Zusammenrücken der Deutschen, darum geht es. Das Zusammenrücken der Deutschen verwirklicht sich anders, als es die meisten erwartet haben. Und keiner sollte jetzt so tun, als wüsste er ganz genau, in welcher konkreten Form die Menschen in den beiden Staaten in ein neues Verhältnis zueinander geraten werden. Dass sie in ein anderes Verhältnis zueinander geraten, dass sie in Freiheit zusammenfinden und sich entfalten können, darauf kommt es an.

Und sicher ist, dass nichts im anderen Teil Deutschlands wieder so werden wird, wie es war. Die Winde der Veränderung, die seit einiger Zeit über Europa ziehen, haben an Deutschland nicht vorbeiziehen können. Meine Überzeugung war es immer, dass die betonierte Teilung und dass die Teilung durch Stacheldraht und Todesstreifen gegen den Strom der Geschichte standen. Und ich habe es noch in diesem Sommer erneut zu Papier gebracht: Berlin wird leben, und die Mauer wird fallen. Übrigens, ein Stück von jenem scheußlichen Bauwerk, ein Stück davon können wir dann von mir aus sogar als Erinnerung an ein geschichtliches Monstrum stehen lassen. So wie wir seinerzeit nach heftigen Diskussionen in unserer Stadt uns bewusst dafür entschieden haben, die Ruine der Gedächtniskirche stehen zu lassen.

Denen, die heute noch so schön jung sind, und denen, die nachwachsen, kann es nicht immer leicht fallen, sich die historischen Zusammenhänge, in die wir eingebettet sind, klar zu machen. Deshalb sage ich nicht nur, dass wir bis zum Ende der Spaltung – zornig, aber auch im Gefühl der Ohnmacht habe ich im August ‘61 dagegen angeredet – noch einiges vor uns haben, sondern ich erinnere uns auch daran, dass das alles nicht erst am 13. August 1961 begonnen hat. Das deutsche Elend begann mit dem terroristischen Nazi-Regime und dem von ihm entfesselten Krieg. Jenem schrecklichen Krieg, der Berlin wie so viele andere deutsche und nicht-deutsche Städte in Trümmerwüsten verwandelte. Aus dem Krieg und aus der Verunreinigung der Siegermächte erwuchs die Spaltung Europas, Deutschlands und Berlins. Jetzt wächst zusammen, was zusammengehört. Jetzt erleben wir, und ich bin dem Herrgott dankbar dafür, dass ich dies miterleben darf: Die Teile Europas wachsen zusammen …

Das Volk selbst hat gesprochen, hat Veränderungen gefordert … Ich denke, dass die Volksbewegung im anderen Teil Deutschlands ihre Erfüllung nur in wirklich freien Wahlen finden kann. Und ich meine auch, dass es eine lohnende Aufgabe sein kann, am Werk der Erneuerung an Ort und Stelle mitzuwirken und sie nicht denen zu überlassen, die übrig bleiben.

Noch einmal: Nichts wird wieder so, wie es einmal war. Dazu gehört, dass auch wir im Westen nicht an mehr oder weniger schönen Parolen von gestern gemessen werden, sondern an dem, was wir heute und morgen zu tun, zu leisten bereit und in der Lage sind, geistig und materiell. Ich hoffe, die Schubladen sind nicht leer, was das Geistige angeht. Ich hoffe auch, die Kassen geben noch was her. Und ich hoffe, die Terminkalender lassen Raum für das, was jetzt sein muss. Die Bereitschaft nicht zum erhobenen Zeigefinger, sondern zur Solidarität, zum Ausgleich, zum neuen Beginn wird auf die Probe gestellt. Es gilt jetzt, neu zusammenzurücken. Den Kopf klar zu behalten und so gut wie möglich das zu tun, was unseren deutschen Interessen ebenso entspricht wie unserer Pflicht gegenüber Europa.

Benno Zannetti: Der Weg zur deutschen Einheit. 9. November 1989 bis 3. Oktober 1990; mit den wichtigsten Reden. München: Goldmann 1991, S. 211–214

Aufgaben

1 Fassen Sie die Aussagen Willy Brandts zusammen.

2 Erstellen Sie daraus eine Gliederung.

3 Welche Ziele verfolgt der Redner?

„Aufbruch in der Bildungspolitik"

Aus der Rede von Bundespräsident Roman Herzog auf dem Berliner Bildungsforum am 5. November 1997 im Schauspielhaus am Gendarmenmarkt

Bild: dpa

Sehr geehrte Damen und Herren, vor einem halben Jahr habe ich unweit von hier einen neuen Aufbruch in der Bildungspolitik gefordert. Bildung, so sagte ich damals, muss in unserem Land zum „Megathema" werden, wenn wir uns in der Wissensgesellschaft des nächsten Jahrhunderts behaupten wollen. [...]

Die Spatzen pfeifen es von den Dächern: Wissen ist heute die wichtigste Ressource in unserem rohstoffarmen Land. Wissen können wir aber nur durch Bildung erschließen. Wer sich den höchsten Lebensstandard, das beste Sozialsystem und den aufwändigsten Umweltschutz leisten will, der muss auch das beste Bildungssystem haben.

Außerdem ist Bildung ein unverzichtbares Mittel des sozialen Ausgleichs. Bildung ist der Schlüssel zum Arbeitsmarkt und noch immer die beste Prophylaxe gegen Arbeitslosigkeit. Sie hält die Mechanismen des sozialen Auf- und Abstiegs offen und hält damit unsere offenen Gesellschaften in Bewegung. Und sie ist zugleich das Lebenselixier der Demokratie in einer Welt, die immer komplexer wird, in der kulturelle Identitäten zu verschwimmen drohen und das Überschreiten der Grenzen zu anderen Kulturen zur Selbstverständlichkeit wird. [...]

Es stimmt nicht, dass unsere Jugendlichen Aussteiger mit Null-Bock-Mentalität sind! Es ist falsch, Lehrer pauschal als faul zu beschimpfen, obwohl sie tatsächlich mehr Unterrichtsstunden mit größeren Klassenstärken als vor wenigen Jahren bewältigen. Und vielen Professoren werden gewaltige Überlastquoten an Studenten als Dauerzustand aufgedrückt, obwohl von ihnen gleichzeitig Wunderdinge in der Forschung erwartet werden.

Es ist auch nicht richtig, alle Defizite auf das fehlende Geld zu schieben! Natürlich ist gute Bildung nicht im Billigangebot zu haben: trotzdem sind unsere Defizite nicht allein mit dem Scheckbuch zu lösen! Und erst recht ist Kosten-Nutzen-Denken nicht bildungsfeindlich.

Es geht darum, Tabus zu knacken. Irrwege abzubrechen und falsche Mythen zu beseitigen:

1. Menschen sind Individuen. Sie haben unterschiedliche Begabungen. Wer das leugnet, vergisst einerseits die herausragenden Talente, die unser Bildungssystem oft genug behindert, und andererseits die weniger Begabten, denen unser Bildungswesen jeglichen Abschluss verweigert.

2. Bildung beginnt nicht erst mit dem Abitur! Praktische und theoretische Begabungen sind gleichwertig! Das muss sich auch in den Bildungsangeboten, den Abschlüssen und Berufschancen, der gesellschaftlichen Achtung niederschlagen.

3. Es gibt keine Bildung ohne Anstrengungen. Wer die Noten aus den Schulen verbannt, schafft Kuschelecken, aber keine Bildungseinrichtungen, die auf das nächste Jahrtausend vorbereiten.

4. Es ist ein Irrglaube, ein Bildungssystem komme ohne Vermittlung von Werten aus! Viele Lehrer leisten diese Wertevermittlung durch ihr Beispiel und durch Diskurse in ihren jeweiligen Fächern. Aber es ist auch auf wertevermittelnde Fächer zu achten. Deshalb gehört z. B. der Religionsunterricht in die Schule und darf nicht in die Pfarrsäle verdrängt werden.

5. Falsch ist auch die Vorstellung, die Schule sei Reparaturbetrieb für alle Defizite der Gesellschaft. Hier sind schon auch die Eltern gefordert! Die Schule kann die Eltern bei der Erziehung nur unterstützen, ersetzen kann sie sie nicht.

6. Es ist falsch zu glauben, dass alle Bildungsinhalte durch bürokratische Vorgaben festgelegt und möglichst einheitlich geregelt sein müssten.

7. Es ist ebenso falsch anzunehmen, das beste Bildungsangebot könne nur vom Staat kommen. Gerade in einem guten öffentlichen Bildungssystem brauchen private Initiativen Ermutigung. [...]

Wir besitzen ein vorbildlich gegliedertes Schulsystem. Diese Vielfalt müssen wir aber auch nutzen! Wir müssen ehrlich fragen: Welche Schule sichert welchem Kind die beste Förderung? Das ist nicht immer die Schule mit dem höchstmöglichen Abschluss. Deshalb darf die Hauptschule nicht immer mehr zur Restschule verkümmern. Sie muss für viele Berufe qualifizieren, indem sie praktische Neigungen weckt und fördert und frühzeitig auch Praxisbezüge herstellt. Wer die Welt mit der Hand begreift, hat nicht weniger Anspruch auf bildungspolitische Beachtung als der theoretisch Begabte.

Auch innerhalb der Schularten erscheint mir noch viel mehr Differenzierung möglich, ohne dass dabei die Vergleichbarkeit der Schulabschlüsse mehr auf dem Spiel stünde als heute. Wir sollten wieder den Mut finden, gute Schüler gut und schlechte Schüler schlecht zu nennen. Das verpflichtet uns aber zugleich, uns beiden Gruppen besonders zu widmen und sie mit abgestimmten Förderprogrammen optimal zu betreuen. [...]

Ich sage nicht, dass wir jetzt mit einem Schritt den großen Wurf landen müssen, der bis weit ins 21. Jahrhundert hinein Bestand hat. Wir brauchen – eher im Gegenteil – eine Fähigkeit zur ständigen Weiterentwicklung. Schon unsere

Großeltern wussten: Wer rastet, der rostet. Das gilt erst recht dort, wo stündlich Neues entdeckt wird. Wir folgen bisher viel zu sehr dem Modell, zuerst viel Reformdruck aufzustauen, der sich dann im Erdbeben einer Großreform entlädt, um anschließend wieder innovationsunwillig jeder Neuerung zu trotzen. Künftig müssen wir die Fortentwicklung des Bildungssystems zur Daueraufgabe machen.

Unser Bildungssystem war einst ein Modell für die ganze Welt. Aber es muss weiterentwickelt werden. Das Bessere ist bekanntlich der Feind des Guten. Ziehen wir daraus die Konsequenzen. Machen wir es zu einem Modell für das 21. Jahrhundert!

Schaffen wir ein Bildungswesen, das Leistung fördert, keinen ausschließt, Freude am Lernen vermittelt und selbst als lernendes System kreativ und entwicklungsfähig ist. Setzen wir neue Kräfte frei, indem wir bürokratische Fesseln sprengen. Entlassen wir unser Bildungssystem in die Freiheit.

http://www.bundespraesident.de/n/nph-i/reden/deutsch1997.map
Vollständiger Text in: Bulletin Nr. 87, 5. 11. 1997, S. 1001ff.
Hrsg.: Presse- und Informationsamt der Bundesregierung

Aufgaben

1 Welche Forderungen stellt der damalige Bundespräsident?
2 Wie begründet er sie?
3 Nehmen Sie Stellung zu dieser Rede?

Kommentar

Der volle Planet

Alle zwei Wochen ein neues Berlin – immer mehr Menschen bevölkern die Welt. In vier Jahren sollen es bereits sechs Milliarden sein. Wenn dieser Trend anhält, dann wird es ungemütlich auf unserem Planeten. Pessimisten zeichnen ein Bild des Horrors: Kriege um Wasser und Rohstoffe, Massenelend, Hungerapokalypsen und blutige Verteilungskämpfe zwischen Industrie- und Entwicklungsländern. Die Staatengemeinschaft muss gegensteuern, sonst dürfte es schon bald nur wenige brauchbare und zugleich humane Mittel geben, der Überbevölkerung Herr zu werden. Zwar hat sich die dritte UNO-Weltbevölkerungskonferenz im September in Kairo ehrgeizige Ziele gesteckt, ungewiss ist allerdings, ob sie in der Praxis etwas erreicht.

In ihrem Weltbevölkerungsbericht setzt die UNO voll auf die Frauen. Sie sollen mehr Macht bekommen, ins Erwerbsleben integriert werden, eine gute Ausbildung absolvieren und bei der Gesundheitsversorgung in der ersten Reihe sitzen. Solche Frauen wollen in der Regel nur noch ein oder zwei Kinder zur Welt bringen. In Schwarzafrika sind es sechs oder mehr Nachkommen. Um diesen Trend zu wenden, bedarf es natürlich auch geeigneter Verhütungsmittel. Weltweit, so der UNO-Bericht, gibt es 300 Millionen Paare, die von der Pille noch nie etwas gehört haben oder ihre Anwendung nicht kennen.

Die Pille allein ist allerdings kein Allheilmittel gegen die Bevölkerungsexplosion. Denn Kinder sind in Gesellschaften ohne ein soziales Sicherheitsnetz immer noch die beste Altersversorgung: je mehr, desto besser. In armen Ländern halten sich selbst Ungläubige an den biblischen Spruch: „Seid fruchtbar und mehret euch!“ Nur autoritäre Regime scheren sich nicht um diese Zusammenhänge und greifen zu brutalen Mitteln wie der Zwangssterilisation.

Es besteht allerdings die Gefahr, dass in Kairo nur das Thema Verhütung die Veranstaltung beherrscht. Experten fürchten eine reine „Abtreibungskonferenz“, weil der Vatikan und die Islamisten – wenn auch ohne Absprache – gemeinsam die Pille aus religiösen Gründen ablehnen und damit die Ziele der UNO unterlaufen.

Derweil tickt die „Bevölkerungsbombe“ weiter. Und sie tickt in erster Linie nicht, weil zwei Drittel der 960 Millionen Frauen Analphabeten sind und deshalb den Umgang von Verhütungsmitteln nicht kennen.

Walter Serif

Steigt der Bildungsgrad, sinkt die Zahl der Kinder

UNO-Bericht zur Lage der Weltbevölkerung nennt Forderungen

Den Schlüssel zur Lösung der weltweiten Bevölkerungsprobleme sehen UNO-Expertinnen in mehr Gleichberechtigung von Frauen und Männern. Frauen müssten mehr Macht bekommen, ihre Entscheidungsspielräume und das Angebot an Bildung, Berufstätigkeit und Gesundheitsversorgung deutlich erweitert werden, fordert der Weltbevölkerungsbericht 1994, der gestern in Bonn vorgestellt wurde. Frauen müssten Zugang zu Mitteln und Methoden bekommen, ihre Kinderzahl und die Abstände zwischen Geburten zu kontrollieren.

Mitte 1994 leben 5,66 Milliarden Menschen auf der Welt. Trotz rückläufiger Geburtenraten kommen jedes Jahr 94 Millionen dazu. 1998 wird es nach den Prognosen sechs Milliarden Erdenbürger geben. Damit wächst die Weltbevölkerung schneller als jemals zuvor. Für die Jahre nach der Jahrtausendwende gibt es drei verschiedene Vorausschätzungen. Die mittlere Vorhersage geht von anhaltend rückläufigen Fruchtbarkeitsraten aus und erwartet für 2025 eine Weltbevölkerung von 8,5 Milliarden und für das Jahr 2050 von 10 Milliarden Menschen.

Wirkliche Handlungsalternativen würden bei Männern und Frauen mit Sicherheit dazu führen, dass sie weniger Nachkommen als die Generation ihrer Eltern haben würden, meinen die Autorinnen. In immer mehr Ländern fielen die Geburtenraten bereits, weil sich die Menschen ihrer Alternativen bewusst würden.

Dies wiederum sei „kein Selbstzweck, sondern auch ein Stimulans für wirtschaftlichen und sozialen Wandel“. Zugleich verweist der Bericht darauf, dass viele Maßnahmen zur Bekämpfung der Armut, zur Verbesserung der Lebensmittelversorgung und zur Bereitstellung von Wohnraum ebenfalls ein ausgeglicheneres Bevölkerungswachstum herbeiführen können.

Vorrangig hänge die Bevölkerungsentwicklung von individuellen Entscheidungen ab. Die Politik müsse deshalb die Bedürfnisse des Einzelnen zu ihrem Ausgangspunkt machen, heißt es in dem Bericht. Als Beispiele für erfolgreiche Bevölkerungspolitik nennt er die Entwicklung in Zimbabwe, Thailand und Kolumbien, wo die durchschnittlichen Kinderzahlen stark rückläufig seien. Die Fruchtbarkeit hänge dabei stark vom Bildungsgrad ab: So haben in Zimbabwe Frauen ohne Schulbildung im Durchschnitt sieben, die mit Grundschulwissen sechs und diejenigen mit höherer Bildung weniger als vier Kinder.

Zu den gegenseitigen Abhängigkeiten von Bevölkerungs- und Entwicklungsfragen verweist der Bericht auf die geplante internationale Konferenz im September in Kairo. Das für Kairo geplante Schlussdokument sei in den Vorbereitungskonferenzen inzwischen zu 85 Prozent einvernehmlich erarbeitet worden, berichtete Charlotte Höhn von der Kommission für internationale Bevölkerungsfragen in der Deutschen Gesellschaft für die Vereinten Nationen. Zu den strittigen Punkten gehöre die Frage der Abtreibungen, wo sich Kirchen „hinderlich“ zeigten. Kritik von Seiten einiger Entwicklungsländer gebe es an Forderungen nach mehr Menschenrechten und einer „guten Regierungsführung“. Strittig zwischen Industrie- und Entwicklungsländern sei ferner die Forderung nach einem kollektiven Recht auf Entwicklung und nach Schuldenerlass.

Über wesentliche andere Punkte herrsche Einigkeit, so zur Bedeutung von Familie und Gleichberechtigung sowie einer verbesserten Gesundheitsaufklärung. In diesem Zusammenhang müssten auch die Anstrengungen zur Eindämmung der dramatischen Verbreitung von HIV-Infektionen verstärkt werden. Fälle von Aids sind bisher aus 164 Ländern gemeldet und HIV-Infektionen aus praktisch allen Staaten der Welt. Es wird geschätzt, dass heute zwischen 14 und 18 Millionen Erwachsene infiziert sind und damit doppelt so viele wie im Jahr 1990. Die Verbreitung der Krankheit verlangsame sich keineswegs, heißt es in dem Bericht. Bei allen vorgeschlagenen Programmen werde in dem Aktionsprogramm von Kairo aber das Prinzip der Entscheidungsfreiheit betont.

Gegen Zwangsmaßnahmen wandte sich in Bonn auch der Staatssekretär im Entwicklungsministerium, Wighard Härdtl. Sie seien „ethisch nicht zu rechtfertigen“ und überdies zur Regulierung der Kinderzahl nicht wirksam. Härdtl kündigte an, dass die Bundesregierung ihre Mittelzusage für Bevölkerungsprogramme in Entwicklungsländern 1995 weiter steigern wolle. 1993 hatte Bonn hierfür rund 160 Millionen Mark zugesagt, etwa doppelt so viel wie drei Jahre zuvor.

dpa

Aufgaben

1. Vergleichen Sie die beiden Texte von Serif und dpa in Inhalt, Sprache, Stil. Worin unterscheiden sie sich?
2. Wie begründet der Autor diese Thesen?
3. Welche Konsequenzen ziehen Sie aus diesen Erkenntnissen?

Ohne Reis geht in der Welternährung nichts

Von unserem Mitarbeiter
Lars Wynter

Ein neues Phänomen bedroht die Welternährung: Allen Anstrengungen zum Trotz sinkt in intensiv genutzten Reisanbaugebieten der Ertrag pro Hektar – und keiner weiß warum. Dabei müssten die Bauern ihre Erträge um 70 Prozent steigern, um wenigstens innerhalb der nächsten 30 Jahre die steigende Zahl der Menschen ernähren zu können. Andererseits bedroht der Reisanbau durch den damit verbundenen Methanausstoß in einem bislang unbekannten Ausmaß das Weltklima: Mindestens ein Fünftel des Treibhausgases stammt von Reisfeldern. Beiden Phänomenen widmen sich jetzt Forschungsprojekte des Internationalen Reisforschungsinstituts (IRRI) auf den Philippinen.

Der Bevölkerungsdruck und die Bedrohung des Weltklimas durch den Reisanbau sind eine Herausforderung für Klaus Lampe, den ersten Deutschen an der Spitze der internationalen Organisation. „Jedes Jahr sterben mindestens zwölf Millionen Kinder unter fünf Jahren an Hunger oder Unterernährung."

Das IRRI war nicht beliebt. Das bedeutendste von 16 Reisforschungsinstituten musste lange Jahre mit dem Stigma eines US-Ablegers arbeiten. Nicht zu Unrecht. 1960 von den amerikanischen Stiftungen Ford und Rockefeller ins Leben gerufen, hatte es hauptsächlich den riesigen Absatzmarkt für die Düngemittelindustrie im Sinne.

Das ist Vergangenheit. Heute stehen längst nicht mehr Absatzstrategien, sondern Hungerbekämpfung bei schonendem Umgang mit der Natur auf dem Programm.

Dabei geht es um die Reduzierung dieses gefährlichen Fäulnisgases, das hauptsächlich beim Nassreisanbau entsteht.

In den Kühlkellern des IRRI lagern 240 000 Reissorten aus allen Ländern, gesammelt von Spezialisten, die oft in gefährliche Regionen vordringen, nur um das Muster einer unbekannten Reissorte mit nach Los Banos bringen zu können. Sie könnte ja den Durchbruch bringen, in welcher Hinsicht auch immer. Den Kambodschanern konnte eine von den vietnamesischen Besitzern ausgerottete Lieblingsreissorte zurückgegeben werden, die Inder erhalten demnächst ebenfalls eine in Vergessenheit geratene Sorte zurück.

Heute ist vieles anders, ganz anders. Neue Wege und Ideen sollen zu höheren Zielen führen: Mittels Genveränderungen eingebaute „Ungenießbarkeit" für Schädlinge, besseres Wurzelwachstum, Kreuzungen und Hybridzüchtungen (die sind allerdings nicht unumstritten, weil sie sich nicht von selbst vermehren).

Das alles nutzt jedoch nichts, wenn niemand mehr die Felder bestellt. Die Landflucht in Asien lässt manche fruchtbare Region verkommen. So sind die berühmten Reisterrassen von Banaue im Norden der philippinischen Insel Luzon dem Untergang geweiht, weil für die traditionelle Form der kollektiven Bewirtschaftung durch die Ifugao-Völker inzwischen die Menschen fehlen.

Wie vielschichtig das Problem des Reisanbaus ist, machen die sehr unterschiedlichen Lösungsmöglichkeiten, die vom IRRI ausgetüftelt worden sind, deutlich. Das Treibhausgas Methan zum Beispiel entweicht nicht nur durch die Halme wie durch einen Schornstein, sondern wird auch beim Umsetzen und der Pflege der Reispflanzen frei. Jeder Fußtritt im Schlamm setzt Methan frei, das sich sonst in anderen chemischen Reaktionen abbauen könnte. Da beim Reisanbau erst die kleinen Pflanzen gezogen und anschließend in andere Felder umgesetzt werden, wird unnötig Methan frei. Bei der Direktaussaat würde das verhindert – und es könnte die Frauen entlasten, die fast überall die Hauptbürde der Landwirtschaft zu tragen haben.

Bei der IRRI-Gründung 1960 wäre das kein Thema gewesen: Damals war Wachstum alles. Heute geht es auch um Zusammenhänge und nicht um isolierte Lösungen nach dem Muster „viel hilft viel" – im Gegenteil. In ärmeren Weltgegenden – und das sind meist Reis-Nationen – kann sich die Bevölkerung keine Düngemittel und keine teuren Maschinen leisten.

Deshalb hat das IRRI auch Geräte entwickelt, die beispielsweise bei der Saat helfen, nur Muskelkraft brauchen und vom Dorfschmied repariert werden können. Denn alles, was Geld kostet, scheidet für fast jeden kleinen Reisbauer aus. Die neueste Erfindung ist ein Ofen, der mit Reisstroh betrieben wird und innerhalb von fünf Minuten einen Liter Wasser zum Kochen bringt. Wenn eine Familie diesen Ofen benutzt, verbraucht eine fünfköpfige Familie zwei Tonnen Holz pro Jahr weniger.

aus einer deutschen Tageszeitung

„Kinder und Ungeborene geraten in Vergessenheit"

Vatikan macht gegen Geburtenkontrolle mobil

Geht es um Abtreibung, treten Papst Johannes Paul II. Zornesfalten auf die Stirn. Schon seit Monaten wettert der Vatikan gegen die UNO-Bevölkerungskonferenz in Kairo, die Anfang September breit angelegte Kampagnen zur Geburtenkontrolle propagieren will. Rund um den Globus sind die Diplomaten des Heiligen Stuhls unterwegs, um gegen das „furchtbarste Massaker der Geschichte" zu Felde zu ziehen. „Die Kinder und die Ungeborenen werden in Kairo die großen Vergessenen sein", lautet ihr Veto.

Für den Papst geht es um die vielleicht wichtigste Mission seines Pontifikats. Unermüdlich kämpft er gegen eine „Zivilisation des Todes". Das Recht auf Leben, so Johannes Paul, werde zum ausschließlichen Vorrecht der Erwachsenen, die sich der Parlamente bedienten, um ihre Vorhaben in die Tat umzusetzen und die eigenen Interessen zu verfolgen. „Das Recht auf Leben wird dem, der noch nicht geboren ist, verweigert, und so sterben Millionen Menschenwesen auf der ganzen Welt."

In einem Brief an die Staatspräsidenten der Welt warnte der Papst im April vor einer Gesellschaft der Dinge und nicht der Menschen. „Es ist zu befürchten, dass die Jugendlichen von heute als Erwachsene Rechenschaft fordern von den gegenwärtig Verantwortlichen, weil sie sie des Lebenssinns beraubt haben."

Aus dem Blickwinkel der afrikanischen Bischofssynode, die kürzlich im Vatikan tagte, sieht es so aus: „Zu uns kommen die Großen der Welt, um uns Armen zu sagen, was wir machen sollen." Die Kirche kritisiert besonders, dass eine effektive Kontrolle des Bevölkerungswachstums zur Bedingung für Finanzhilfen gemacht werden soll. „Wir sollen unser Recht auf Geburten für Geld verkaufen", so der kenianische Erzbischof Nicodemus Kirima. Das Schlagwort vom „Empfängnisverhütungs-Imperialismus" macht die Runde.

Der Vatikan argumentiert, nicht Bevölkerungswachstum sei die Ursache für Armut in den Entwicklungsländern. Vielmehr sei das Elend eine Folge der Kolonialpolitik und verfehlter Entwicklungsstrategien. Anstelle von Zwangsprogrammen zur Geburtenkontrolle, so der Vatikan, sollten effektive Hilfen für die ärmsten Länder einsetzen, zum Beispiel beim Nachlass von Schulden und Erziehungsprogramme.

Für Kardinal Alfonso Lopez Trujillo (Kolumbien), Präsident des Päpstlichen Rates für die Familie und Koordinator der Strategie gegen Kairo, wankt ein Grundpfeiler der Gesellschaft. „Das historische Neue unserer Epoche ist, dass die Vorstellung von der Familie als Institution und Wert zurückgewiesen wird. Das ist eine traurige Neuerung." Der Kardinal kritisiert, dass die UNO Familienplanung wie ein großes Menü betrachte, bei dem alle künstlichen Verhütungsmittel zur Auswahl stünden. Nach katholischer Lehrmeinung ist nur die natürliche Verhütung erlaubt, nicht aber Pille oder Kondom. Das wurde zuletzt in der Moralenzyklika „Veritatis splendor" Ende 1993 bekräftigt. „Die Erwachsenen denken nur an ihre Glückseligkeit. Die Kinder zählen nicht", beklagt Lopez Trujillo.

Große Furcht erregt im Vatikanstaat die Vorstellung, auch Abtreibung könnte als Teil einer solchen Familienplanung propagiert werden. „Das ist eine perverse Ideologie, die untergehen wird wie der Marxismus", sagt der Kardinal. Der Vatikan hofft nicht zuletzt auf Unterstützung aus Italien. Ginge es nach dem neuen Sozialminister Antonio Guidi (Forza Italia), dann könnten die Kirchenmänner aufatmen. „Hätte es diese Abtreibungsgesetze gegeben, wäre ich nicht auf der Welt", meint der Politiker. Er ist Spastiker.

aus einer deutschen Tageszeitung

Aufgabe

Vergleichen Sie die Konsequenzen, welche sich aus den beiden letzten Zeitungsartikeln ergeben.

www.studieren-im-netz.de

Auf der Suche nach der idealen Fortbildung im Internet / Immer mehr virtuelle Lernangebote

von Georg Holzach

Frankfurter Allgemeine Zeitung 24. Februar 2001

Sie wollen arbeiten. Sie wollen in Ihrem Job weiterkommen. Und deshalb wollen Sie lernen. Am besten im Internet, abends zu Hause und am Wochenende. Nun gab es schon immer das Fernstudium. Die Fernuniversität Hagen hat eine große Auswahl an Studiengängen und einen guten Namen. Doch da werden zumeist Bücher und Studienunterlagen noch mit der Post hin- und hergeschickt. Virtuell zu studieren würde viele Vorteile bringen: Im Internet lesen Studierende Texte, füllen Fragebögen aus, sehen Vorlesungen, chatten, konferieren und kooperieren. Sich den Text einer Vorlesung aus dem Netz zu kopieren erspart es, Freunde um deren Mitschriften zu bitten. Fragebögen rechnen automatisch aus, ob man die richtigen Antworten angeklickt hat. Im Chatroom registrieren und identifizieren sich die Teilnehmer. Das sorgt für Disziplin. Sie stellen Fragen an die Professoren, Tutoren und Kommilitonen, die auch gerade eingeloggt sind. Der Vorteil gegenüber dem direkten Gespräch ist klar: Jeder Teilnehmer kann zurückscrollen, also in der Zeit zurückspulen, und die verpassten Gespräche nachlesen. Die eigenen Fragen wurden möglicherweise schon beantwortet. Und man braucht die gleichen Basisfragen nicht zum x-ten Mal zu stellen. In Chats tauscht man sich direkt miteinander aus, also zeitgleich oder synchron. In Newsgroups hinterlässt man Fragen und Antworten wie Nachrichtenzettel, die auch später beantwortet werden können, also asynchron, wenn der gesuchte Ansprechpartner sich einloggt. In Konferenzen spricht man mit Partnern über Mikrophon, Lautsprecher, Webcam und Bildschirm wie bei Videokonferenzen. Das ist wie Telefonieren, aber zu fünft und mit Bild. So kooperieren Partner in Projektgruppen zeitgleich, aber jeder an seinem Ort. Die Partner reichen ihr gemeinsames Projekt über E-Mail herum, oder sie bewegen sich gleichzeitig und unabhängig voneinander im gemeinsamen Programm. So ersetzen interaktive Programme im Netz die persönliche Begegnung. Die Videoaufzeichnung der Vorlesung ist als „streaming video“ zu sehen; nicht unbedingt zur gleichen Zeit, sondern später abrufbar in einem Archiv. Das Seminar wird zur Talkshow mit Professoren, abends im Fernsehen.

Das ist die Vision des virtuellen Studiums. Was sie nicht ersetzt, sind Praktika, Übungen, Laborarbeit und Prüfungen. Viele Hochschulen erwarten deswegen ihre Studierenden an Wochenenden oder zu Blockseminaren während der Ferienzeit. In diesen Momenten wird das virtuelle Studium reell und lokal. Also braucht man eine Hochschule in Reichweite. Das führt uns zu der größten Hürde, sozusagen der inoffiziellen Aufnahmeprüfung für alle, die virtuell studieren wollen: der Recherche. Welche Hochschule bietet wo welchen Studiengang? Welche Präsenz, Voraussetzungen, welchen Zeitaufwand, welche Leistungen und Gebühren verlangt sie? Welche Inhalte, Kommunikationswege, Diplome bietet sie? Der verwirrte Netizen (net + citizen = Netzbürger) sitzt vor seinem PC und fragt sich, wie er diese Informationen findet. Die Antwort ist schon die Adresse: www.studieren-im-netz.de. Das Bundesministerium für Bildung und Forschung präsentiert einen Schwindel erregenden Überblick über gut tausend Links zu deutschen und einigen europäischen Hochschulen. Jetzt heißt es nicht aufgeben, sondern scrollen, suchen, weiterklicken.

Die Anbieter sind Universitäten, Fach-, Film-, Kunst- und Musikhochschulen sowie Berufsakademien. Zur Auswahl stehen die Themen Agrar-, Sozial-, Kultur- und Naturwissenschaften, Technik, Medizin, Pharma, Recht und Wirtschaft. Die Formen reichen von einzelnen Unterrichtseinheiten, für die es zum Teil Zertifikate gibt, bis zu Grund-, Haupt- und Aufbaustudiengängen, die zu Abschlüssen wie Bachelor, Diplom oder Master führen.

In das Feld „Freie Suchworte“ geben wir „Master“ ein und erwarten alle Studiengänge, die zum Master führen. Flop. Wir geben „Hagen“ ein. Kein Ergebnis. „Abschluß“? Auch nichts. „Abschluss“ mit Doppel-s. Nada. Das ist ja gerade der Charme am Leben im Internet. Man geht ins Netz und ist gefangen. Es kann und darf nicht alles gleich funktionieren. Also geben wir kein freies Suchwort ein, sondern klicken auf „Universität“ und „Informatik“. Das Ergebnis lautet: 383 Einträge. Jetzt heißt es geduldig sein. Die Stichwörter „Fachhochschule“ und „Recht und Wirtschaft“ ergeben 62 Einträge. Wir sortieren nach der Rubrik „Lernarten“ und überspringen das „Onlinescript mit interaktiven Elementen“, das „CD-ROM/Offline Lehr- und Lernsystem“, und das Fernstudium mit netzbasierten Komponenten genügt uns auch nicht. Aber hier bleiben wir hängen: Die Fachhochschulen Ludwigshafen und Worms bieten ein MBA-Programm als komplettes Online-Studium in Zusammenarbeit mit den Universities of North Carolina und South Alabama an. Das ist zwar nicht Harvard, aber es ist ein MBA, ein Master of Business Administration. Wenn man sich schon die Mühe macht, nebenberuflich zu studieren, dann sollte dabei auch eine Qualifikation herauskommen, die man anwenden und sich bezahlen lassen kann. Ein MBA von Worms. In der weiteren Recherche fallen unbekannte Universitäten mit zukunftsweisenden Kooperationen auf. Zwölf nördliche Fachhochschulen zum Beispiel in Ostfriesland und Stralsund arbeiten mit Fachhochschulen in Hamburg, Lübeck und Berlin an einer „Virtuellen Fachhochschule" (www.vfh.de) zusammen. Sie entwickeln Studienprogramme ausdrücklich für Berufstätige, Selbstständige, Existenzgründer, Behinderte, Wehrpflichtige und Leute, die „jung sind, gerne im Internet surfen, Computerspiele lieben und gleichzeitig etwas für ihre berufliche Zukunft tun wollen". Also für Sie! Sie folgen dem Hinweis auf www.oncampus.de und erfahren, dass Sie von September 2001 an Ihr Studium in Medieninformatik beginnen können. Dann machen Sie nach drei Jahren Ihren Bachelor und nach weiteren zwei Jahren Ihren Master. Das Studium ist modular aufgebaut. Für bestandene Module gibt es Credit Points nach ECTS, dem European Credit Point Transfer System. Spätestens das nimmt dem Studium den provinziellen Beigeschmack einer Fachhochschule Ostfriesland. Vom Sommer 2002 an kann man auf diesem Wege auch ein Diplom-Wirtschaftsingenieur werden. Das dauert vier Jahre. Wer schon einen technischen oder naturwissenschaftlichen Hochschulabschluss hat, kann das Diplom in zwei Jahren machen. Doch eine Warnung an Interessenten aus dem Süden Deutschlands: 20 Prozent der Studienleistungen wie Prüfungen und Laborarbeiten sollen in Präsenz erbracht werden, abends und an Wochenenden. Das würde allerdings bedeuten, man besteigt entweder freitagabends nach dem Büro den Jet nach Stralsund ins Labor oder wählt vielleicht doch eine andere Fachhochschule. In Bayern zum Beispiel, in Deggendorf, zwei Autostunden nordöstlich von München, kann man in der „Virtuellen Hochschule Bayern" Wirtschaftsingenieur werden. Dann ist man eine begehrte Arbeitskraft beispielsweise für Siemens. Denn die Siemens-Abteilung für Aus- und Weiterbildung entwickelt den Studiengang gemeinsam mit der Virtuellen Hochschule und dem Bayerischen Fernsehen. Mit technischen oder wirtschaftlichen Vorkenntnissen steigt man ins vierte Semester Wirtschaftsinformatik ein, macht nach dem sechsten Semester einen Bachelor. Das „web-based training" (wbt) am Computer wird bereichert durch Fernsehsendungen. Dieses Angebot ist außergewöhnlich: Das Bayerische Fernsehen produziert zu fünf Themen, jeweils 14 Magazinsendungen mit Moderatoren und Professoren im Studio, die jeder auf dem Kabel- und Satellitenkanal br-alpha von Montag bis Freitag zwischen 21 Uhr und 21.30 Uhr sehen kann. Wer sie verpasst, schaut am Morgen im Computer das „streaming video" aus dem Online-Archiv. Die Hälfte der Studienleistungen verbringt man am Wochenende in der Fachhochschule mit Übungen zu Informationsmanagement oder mit IT-Englisch-Unterricht. Zurzeit muss man dafür noch nach Deggendorf fahren. Die Virtuelle Hochschule will jedoch über kurz oder lang regionale, nationale und internationale Partner-Hochschulen finden. Dann wird das virtuelle Studium global. Wer sich nicht zu Präsenzveranstaltungen verpflichten will, verzichtet auf das Diplom und studiert einzelne Module oder sucht sich einen anderen Veranstalter.

Wird sich das Studium im Netz durchsetzen? Fachleute beantworten die Frage mit einem eindeutigen Ja. Ihr Argument: Auch Personal Computer und Mobiltelefone werden inzwischen wie selbstverständlich genutzt. Mit der gleichen Selbstverständlichkeit werden auch immer mehr Studierende die virtuellen Angebote der Hochschulen in ihr Arbeitsleben eingliedern: je nach den Anforderungen des Arbeitsmarkts oder einfach aus Interesse, Lust und Laune.

Aufgaben

1 Welche Möglichkeiten des Studierens im Internet werden hier dargestellt?

2 Nehmen Sie Stellung zu den angebotenen Studien.

Mehr Menschlichkeit

Plädoyer für eine neue Ethik

Von Eugen Drewermann

DIE ZEIT Nr. 32, 2. August 1996

Am klarsten wird das durch ein anderes Beispiel: die Überbevölkerung der Menschheit auf dem Planeten Erde. Folgt man etwa den Ausführungen von Papst Johannes Paul II., der sich immerhin als Sprecher von 900 Millionen Menschen versteht und zugleich als Stellvertreter Gottes auf Erden, so ist es nicht allein als eine „schwere Sünde" verboten, im Kampf gegen die größte Gefahr der Menschheit heute, gegen die Überbevölkerung, künstliche empfängnisverhütende Mittel einzusetzen und eine resolute Geburtenkontrollpolitik zu propagieren. Am 5. September 1984 rief das Oberhaupt dieser Kirche anlässlich einer Generalaudienz die Katholiken der Welt auf, auch die von der römischen Kirche gebilligten „natürlichen" Methoden der Empfängnisverhütung nicht dazu auszunutzen, die Zahl der Kinder zu reduzieren; es sei ein Missbrauch, wenn Eheleute diese Möglichkeiten dazu benutzten, die Zahl ihrer Kinder unterhalb der „für ihre Familie moralisch richtigen (!) Geburtenrate" zu halten; also nicht so viele Kinder, als sie sich irgend „leisten" könnten, in die Welt zu setzen.

Es scheint, dass es Grenzen gibt, von denen an Ignoranz und Arroganz, Traditionalismus und Unfehlbarkeitswahn, wenn in höchster Position vertreten, den Straftatbestand fahrlässiger Tötung erfüllen; doch zur „Entschuldigung" des Papstes muss man sagen, dass er in gewissem Sinne nur ausspricht, was die abendländische Ethik zur Selbstvergewisserung der absoluten Anspruchsrechte der menschlichen Spezies seit eh und je vertreten hat. Es mag sein, dass es dem Oberhaupt der katholischen Kirche auch darum geht, vor allem in Ländern wie Nigeria den schwindenden geistigen Einfluss seiner Religionsgemeinschaft auf dem Wege biologischer Ausbreitung zu kompensieren; doch in jedem Falle herrscht uneingeschränkt eine Ethik vor, die in der Wahrung des eigenen Gruppeninteresses den eigentlichen Maßstab sittlicher „Verantwortung" erkennt.

Was dabei im Rahmen des Bevölkerungsproblems „verantwortet" werden müsste, machen bereits ein paar Vergleichsdaten deutlich. Im Jahre 1811 lebten auf Erden nur rund 1 Milliarde Menschen; es brauchte gut 100 Jahre, bis 1927, um die Zahl auf 2 Milliarden Menschen zu verdoppeln; im Jahre 1960, also 33 Jahre später, lebten bereits 3 Milliarden Menschen auf Erden, dann genügten ganze 14 Jahre, um die Menschheit erneut um 1 Milliarde Menschen zu vermehren. Bereits 1987 zählte man 5 Milliarden Menschen, im Jahr 1996 ist die 6 Milliardenmarke bei weitem überschritten.

Jede Minute werden heute 150 Menschen geboren, jeden Tag 220.000, jedes Jahr mehr als 80 Millionen; 90 Prozent des Zuwachses entfallen auf die Entwicklungsländer. Im Jahre 2010 dürfte die Weltbevölkerung mehr als 7 Milliarden Menschen umfassen, und dann, schon 12 Jahre später, wird sie die Rekordmarke von 8 Milliarden erreicht haben.

All diese Menschen benötigen Nahrung, Kleidung, Wohnung, Energie, medizinische Versorgung, Arbeit, Infrastruktur – mit einem Wort: Umweltzerstörung in nie gekanntem Umfang. Zum ersten Mal in der Geschichte der Menschheit stehen wir vor der Frage, ob wir weiter das exponenzielle Wachstum der menschlichen Spezies befürworten wollen oder ob wir weniger Menschen zum Ziele nehmen, damit die Weltmeere und Flüsse, die tropischen Regenwälder und die Savannen, die Wattenmeere und die Feuchtgebiete, die Hochalpen und die Polarregionen zumindest eine Chance behalten, auch nur in der nächsten Zukunft relativ intakt zu bleiben.

Die Entscheidung, vor die wir uns selber gestellt haben und die wir in wenigen Jahren zu fällen haben, entspricht in ihrer Bedeutung einer Weichenstellung in globalem Maßstab. Was wir derzeit anrichten, kommt einer Stilllegung des gesamten Motors der Evolution gleich; es besteht darin, eine einzige Spezies auf dieser Erde absolut zu favorisieren und alle anderen Formen des Lebens einzig dahin zu befragen, ob sie den Überlebens- und Ausdehnungsinteressen dieser einen Spezies dienlich sind oder nicht.

Es ist klar, dass alles, was im „christlichen" Abendland bisher für Ethik und Religion gegolten hat, uns versichert, dass es unser Recht, ja unsere Pflicht sei, diese Entscheidung zu unseren Gunsten zu fällen. Erst wenn sich zeigen sollte, dass zum Beispiel die Ausrottung des äquatorialen Grüngürtels das planetare Windsystem und damit das Klima so weit verändern könnte, dass daraus ungünstige Rückwirkungen vor allem für die Bewohner der nördlichen Länder der Erde zu erwarten wären, so wird das ein Argument bilden, vielleicht doch ein gewisses ökologisches „Umdenken" zu fordern, für das freilich nach wie vor die Natur nichts weiter ist als die „Umwelt" des Menschen.

Eine Alternative zu dieser Einstellung kann nur in einem völlig veränderten ethischen Denken bestehen. Heute noch macht ein jeder sich lächerlich, der ernsthaft verlangen wollte, es solle weniger Menschen geben, auf dass Schimpansen, Kattas und Warane an der Seite des Menschen eine Chance zum Überleben behielten. Tatsächlich würde eine solche Forderung voraussetzen, dass der Parameter sittlicher Verantwortung nicht länger rein anthropozentrisch definiert bliebe, sondern in der Wahrung der Welt gesehen würde, welcher der Mensch selbst sich verdankt. Um es so zu sagen: Bislang war „Ethik" nichts weiter als ein selbstreferenzielles System, das vom Menschen ausging und zum Menschen zurückkam, indem es in der Natur nichts weiter sah als eine ausbeutbare Quelle des Selbsterhalts; benötigt aber würde eine Moral, deren Begriff von „Verantwortung" wesentlich durch die Beziehung des Menschen zu der ihn umgebenden Natur bestimmt würde.

Eugen Drewermann ist mit seiner Kirche seit langem über Kreuz. Dem katholischen Theologen, 1940 in Bergkamen geboren, wurde 1991 die kirchliche Lehrerlaubnis entzogen. Im Jahr darauf erteilte ihm der Erzbischof von Paderborn ein Predigtverbot. Als Bestsellerautor ist Drewermann bis heute überaus erfolgreich. Kritik am anthropozentrischen Welt- und Menschenbild der Kirche übte er schon in seinem Buch „Der tödliche Fortschritt", 6. Auflage 1991, Freiburg (Herder Spektrum 4032).

Aufgaben

1 Fassen Sie die Aussagen Drewermanns zusammen.

2 Beurteilen Sie seine Forderungen.

Der Verlust der Stille

Von Stephan Clauss

Die wertvollsten Dinge des Lebens sind unverkäuflich. Sie kosten nichts und sind dennoch schwer zu haben. Eine dieser unbezahlbaren Kostbarkeiten ist die Stille. Und es gäbe keinen Grund, über sie zu reden, wenn nicht auch sie – die Schweigsame, Unscheinbare – im Begriff wäre, uns verloren zu gehen – von einigen betrauert, von vielen nicht einmal vermisst. Dabei ist Stille nicht einfach nur die Abwesenheit von Lärm, so wie der Frieden sich nicht allein durch das Schweigen der Waffen definiert. Die Stille war so lange Zeit Voraussetzung und Bestandteil menschlicher Kultur, dass eine Gesellschaft, die ihr keinen Platz mehr erlaubt, nicht nur arm und oberflächlich wird, sondern unerträglich.

Um zu begreifen, welche Zumutung der Lärm für seine Opfer bedeutet, braucht man nicht erst die militärischen Tiefflüge zu bemühen. Lärm ist vielmehr so allgegenwärtig geworden, dass es schon einiger Anstrengungen bedarf, sich seinem totalitären Machtanspruch zu entziehen. Immer kleiner werden die Inseln des Schweigens in einer von Medien und Motoren beherrschten Welt.

Selbst Musik gerät zur akustischen Umweltverschmutzung: Supermarktkunden sollen mittels hypnotischer Klänge zu noch mehr Konsum animiert, Wartende in U-Bahn-Stationen sanft sediert werden. Aus den Boutiquen der Fußgängerzonen fällt uns das gleiche Disko-Gedröhne an, das wir im Radio eben erst abgeschaltet hatten und das der dynamische Nachbar immer gern am Sonntagmorgen aufdreht, damit auch alle mithören können.

Noch keine Generation ist mit einer derartigen Dauerbeschallung aufgewachsen wie die Teenager von heute, die sich vor der lärmenden Außenwelt mit der oft nicht weniger lauten Klangkulisse aus dem Walkman abschirmen, unansprechbare Traumwandler unter ihrer Klangkappe. Schwermetalle in der Luft, heavy metal im Kopf; die Welt als Nonstop-Diskothek. Hörschäden werden zur neuen Volkskrankheit.

Viele Menschen haben sogar schon regelrecht Angst vor der Stille: In Situationen, wo ihnen der Lärmteppich unter den Füßen weggezogen ist, reagieren sie verwirrt, unruhig, wie unter Entzugserscheinungen. Sie erleben die plötzliche Ruhe als einen unerwünschten Einbruch in ihre betriebsame Normalität, als einen anachronistischen Widerspruch, den es schleunigst niederzubrüllen gilt; sei es mittels der Lautsprecherboxen oder indem man den Rasenmäher anwirft. Für diese Furcht vor dem Innehalten, der Abwesenheit aller Arten von Aktivitäten, gibt es eine einfache Erklärung: Wer so vollständig aufgeht in der Existenzweise des Lärms, auf den muss ihr lautloses Gegenteil wie eine bedrohliche Leere wirken.

Lärm macht krank. Wer ihm ausgeliefert ist, wird aggressiv oder stumpft ab. (...) Wir sehen, wie der Lärm das soziale Klima vergiftet und manche Zeitgenossen bis zur Weißglut reizt. Andere leiden stumm oder flüchten sich in den Konsum von Tranquilizern und Schlaftabletten; Opfer der Gesellschaft, die auch im Lärm den verdrängten Aggressionen ein Ventil schafft.

Es darf bezweifelt werden, ob technische Verbesserungen und politische Kosmetik an diesen Zuständen viel ändern können. Wieder einmal ist ein Bewusstseinswandel gefragt, Rückbesinnung auf verschüttete Werte. Wer keinen Lärm mehr veranstalten muss, um sich künstlich Mut zu machen für den Existenzkampf, der erkennt vielleicht bald, dass er aus der Stille eine ungleich größere Kraft für den Alltag schöpfen kann.

Nicht nur für den Kranken, der in der Klinik seine Ruhe oft wie einen Luxusartikel bezahlen muss, ist die Stille eine heilsame und befreiende Erfahrung. Die Stille ist kein entbehrlicher Luxus für Alte und Kranke, sondern tragendes Element eines zivilisierten Zusammenlebens. Ohne sie verlernen wir die Kunst des Zuhörens, leidet unsere Wahrnehmung, wird das Denken zur Qual. Wo Arbeiten und Schlafen nur noch mit Wachs oder Schaumstoff in den Ohren möglich sind, hat der Mensch ein unersetzbares Stück Lebensqualität eingebüßt.

Aufgaben

1 Geben Sie die Grundgedanken des Verfassers wieder.

2 Erörtern Sie, ob die Stille für die menschliche Kultur so bedeutsam ist, wie der Autor meint.

Von wegen Privatvergnügen

Kinder erziehen ist schön, mühsam, nervtötend – und unterbezahlt.
Ein zorniger Schrei einer allein erziehenden Mutter / *Von Helga Strasser*

Mein ältester Sohn ist zehn Jahre alt, mein jüngster sieben. Nach vierzehn Jahren eheähnlichen Zusammenlebens, nach zwei Amerika-Reisen und verschiedenen Touren in Europa, nach einem abgeschlossenen Studium und mehr als sieben Jahren Berufstätigkeit, nachdem mein Mann seine Doktorarbeit abgeschlossen hatte, wollte ich gerne Kinder haben. Merken Sie, ich habe fast schon das Gefühl, mich entschuldigen zu müssen.

Mein Mann fand das Leben mit einer Frau, die nicht bereit war, sich zwischen Kochtopf und Staubsauger einzukeilen, zu anstrengend. Er verweigerte sich seinen so genannten Pflichten und zog schließlich eine – scheinbar anspruchslosere, weil kinderlose – zehn Jahre jüngere Frau vor. Er löste sich aus den zwanzig Jahren seiner Biografie mitsamt der dreiköpfigen Last, die davon übrig blieb, mit 800 Mark im Monat. Ablass, laut Düsseldorfer Tabelle, auf der die Höhe der Unterhaltszahlung nach dem Einkommen des Mannes festgelegt ist.

Nehmen wir an, ich machte von meinem „Recht" Gebrauch, nicht zu arbeiten, bis mein Jüngster neun Jahre alt ist, und kassierte einstweilen Sozialhilfe – steht mir ja schließlich zu. Dafür zahlen ja all die braven Arbeitnehmer ihre Abgaben. Die Folge wäre, dass ich auf einen Großteil meiner Rente verzichten müsste und vermutlich keine Chance auf einen qualifizierten Job mehr hätte. Warum habe ich jahrelang einen Studienplatz beansprucht und meinen Verstand ausgebildet?

Ich hatte die Wahl, werden Sie sagen, Kinder oder Karriere. Wenn dem so ist, können Sie mir einen Grund sagen, warum wir uns für Kinder entscheiden sollten?

Verstehen Sie mich nicht falsch, es gibt unendlich viele Gründe, Kinder zu haben. Es gibt keinen Tag, an dem ich nicht dankbar bin, die Mutter dieser beiden Prachtkerle zu sein. Aber kein Betriebsrat und vermutlich auch kein Arbeitnehmer wäre bereit, mit dem Argument „Sei froh, dass du überhaupt Arbeit hast" auf Lohnanpassungen zu verzichten.

Hätte ich aufgehört zu arbeiten, hätte ich keinen Anspruch auf Rente und Arbeitsplatz. Weil ich aber weitergearbeitet habe, habe ich keinen Anspruch auf angemessenen Unterhalt. Aber der eigentliche Schrei ist ein anderer. Und ich denke, den stoßen auch Mütter/Väter/Eltern aus, die nicht allein verantwortlich für den Fortbestand einer einigermaßen kultivierten Ausgabe des Homo sapiens sorgen. Kinderaufzucht und -erziehung muss endlich als gesellschaftlich notwendige Arbeit anerkannt und entsprechend entlohnt werden.

Gehen Sie gerne mal schön essen? Stört es Sie, wenn Kinder am Nachbartisch Streit ausfechten oder Kassette hören? Wenn Ihnen Spaghetti oder Ketschup auf Ihre gepflegte Garderobe platziert wird?

Sind Sie ein Ästhet? Stört es Sie, wenn Wände beschmiert, Telefonzellen demoliert und Sitze in öffentlichen Verkehrsmitteln mit Kaugummi beklebt sind? Erwarten Sie, dass Jugendliche älteren Menschen hilfsbereit und höflich begegnen? Um dies zu erreichen oder zu verhindern, müssen junge Menschen erzogen werden.

Was halten Sie von den Schlägereien vor, während und nach Fußballspielen? Von Halbwüchsigen, die Autos klauen, Asylbewerberheime in Brand stecken, sich militanten Vereinigungen anschließen? Um dem vorzubauen, müssen Menschen erzogen werden.

Gehen Sie davon aus, dass der so genannte Generationenvertrag erfüllt wird, dass also eine Generation nach Ihnen bereit und in der Lage ist, Ihren Ruhestand zu finanzieren? Um das zu garantieren, müssen neue Menschen geboren und erzogen werden. Eine höchst anstrengende, zeit- und nervenraubende Arbeit.

Glauben Sie, dass Frauen auch in Zukunft bereit sein werden, eine Arbeit, die nicht weniger wichtig ist als Müllabfuhr, die Telekom oder der Straßendienst, umsonst und ohne soziale Absicherungen zu leisten? Nur weil es so schön ist, wenn ihre Kinder ihnen strahlend einen Gutenachtkuss geben? Sind Sie sich dessen sicher?

Kinder erziehen ist nicht weniger wichtig als die Telekom oder die Müllabfuhr

Und was, wenn sie streiken? Wenn sie entweder keine Kinder mehr kriegen oder sie nicht mehr erziehen wollen? Wenn sie über Waschen, Kochen, Wäschestopfen, Esseneinkaufen und Wohnungaufräumen hinaus keine Lust und Kraft mehr haben, aus Wilden zivilisierte Menschen zu machen? Wessen Problem sind die Kinder dann? Es ist keine biologische Selbstverständlichkeit, dass aus Frauen Mütter werden, aber es ist eine soziale Notwendigkeit.

Ich „arbeite" täglich 8,5 Stunden. So heißt das, weil ich für diese Arbeit Geld bekomme. Ausgehandelt von der ÖTV in Zuordnung zu meiner Leistung und Verantwortung; übrigens gibt es in meinem Betrieb viele Männer, die bei gleicher Leistung erheblich mehr verdienen, aber das ist heute nicht Thema.

Bevor ich morgens aus dem Haus gehe, „um zu arbeiten", erwarten zwei Kinder saubere Kleidung, Frühstück und ein Pausenbrot, wollen zwei Schulranzen kontrolliert sein. Es besteht Schulpflicht. Theoretisch könnte ich zumindest diese Arbeit – zwei kleine Staatsbürger rechtzeitig um acht Uhr in einem öffentlichen Gebäude erscheinen zu lassen – der Polizei überlassen. Ich hab' es noch nicht ausprobiert. Vielleicht würde ich mich sogar strafbar machen? Weil ich meinem Privatvergnügen nicht nachkomme!

Danach bleiben das schmutzige Geschirr und die Wäsche, Kleinigkeiten: Spülmaschine ausräumen, neu einräumen, Betten machen, Kühlschrank auf Nahrungsbestände prüfen. Dann kann ich „arbeiten" gehen. Vorausgesetzt, ich bin bereits bürofein. Mein Chef meint, wir seien kein Freizeitklub; er erwartet von mir, dass ich entsprechend meiner verantwortlichen Tätigkeit gekleidet bin.

Nach vier Stunden richtiger, bezahlter Arbeit trage ich Sorge, dass meine beiden Kinder mittags etwas Essbares und ein wenig Anteilnahme verpasst kriegen. Schule ist anstrengend. Man bringt Hunger und Aggression nach Hause mit. Mütter sind dazu da, beides abzubauen. Unentgeltlich, versteht sich.

Also brause ich nach Hause, um zu kochen und Tränen zu trocknen. Wut und Enttäuschung zu parieren, Motivation für die Menge an Hausaufgaben zu produzieren (der Lehrer, der dafür bezahlt wird, hat offensichtlich nicht mehr die Kraft). Wenn also Pommes frites aufgebacken oder Instandspaghetti gekocht sind und der Nachmittag einigermaßen geplant ist, kann ich gerade rechtzeitig wieder in die „Arbeit" eilen, um nicht als nichtbelastbare Alleinerziehende gebrandmarkt zu werden.

Weil es mir wirklich gut geht und ich schon wieder allen Grund habe, dankbar zu sein, kümmert sich jetzt ein Aupairmädchen um meine Kinder. Sie versteht kein Deutsch, deshalb ist sie ja hier, und deshalb ist sie auch so billig (etwa 800 Mark im Monat), dass ich sie mir leisten kann. Immerhin verhindert sie, dass das Haus in Flammen steht, wenn ich nach Hause komme.

Da Au-pairs leidenschaftlich gerne fernsehen, weil sie dabei Deutsch lernen und die Kinder über Stunden friedlich in der Ecke sitzen, liebe ich besonders jene Mahnungen, die mir bedeuten, dass Medienkonsum aggressiv macht. Fast jeden Abend beschließe ich, zuerst mein Aupairmädchen zu erziehen. Haben Sie schon einmal versucht, ein Mädchen von 22 Jahren zu erziehen?

Um etwa 18.30 Uhr komme ich nach Hause. Die nötigsten Lebensmittel kann ich auf dem Weg einkaufen: Milch, Butter, Cornflakes, Brot, ach, und gestern Abend fehlte das Mehl für die Pfannkuchen. Was essen wir heute Abend? Wieder TKK? Der Kinderarzt meinte, Milch, Äpfel und Brot seien gesund. Meine Kinder meinen das nicht. Was essen wir?

„Würden Sie bitte etwas schneller machen, wir schließen."

Noch bevor ich aus dem Auto bin, wird mir das Kurzbulletin des Kindertages in jeweils ein Ohr gebrüllt. Da die Kinder diese wenigen Stunden mit der Mutter brauchen, versuche ich, die beiden liebevoll in das abendliche Familienleben einzubauen:

„Wer deckt heute den Tisch?" – „Keine Lust, ich hab' gestern." – „Ich muss noch Mathe machen."

Was glauben Sie, wer den Tisch deckt? Hier ist Erziehung gefragt, Konsequenz. Keine autoritäre Härte selbstverständlich, das würde anale Charaktere bewirken. Also Diskussion, während die Fischstäbchen brutzeln. Die Hausaufgaben geraten in gefährliche Nähe der Fettspritzer. Ein Beweis für jeden Lehrer für verwahrloste Schüler. Außerdem ist morgen Diktat. Erst essen oder erst diktieren, das ist hier die Frage. Ich entscheide mich für essen. Ein voller Bauch studiert nicht gern, erfahre ich hinterher. Also lassen wir die Hausaufgaben und sitzen immerhin friedlich um den Tisch, ohne Fernsehapparat, und versuchen, Grundregeln der Tischmanieren zu lernen. Sie erinnern sich, wenn Sie essen gehen, möchten Sie wohlerzogene Kinder am Nebentisch. Dann kommt noch die Routine: Ausziehen, Waschen, Zähneputzen. Wenn die Kinder nicht wollen, muss man sich eben durchsetzen.

Haben Sie sich schon einmal durchgesetzt, bei Ihrem Chef oder Ihrer Frau, nachdem Sie zwölf Stunden pausenlose Arbeit hinter sich hatten?

Kurz nach der Trennung war ich in Therapie, weil ich meinte, wahnsinnig zu werden. Weil ich mich für egozentrisch hielt, wenn ich einem freien Menschen (dem Vater meiner Kinder) das Recht absprach, so leben zu können, wie er wollte. Dort habe ich gelernt, ich solle diejenigen leiden lassen, die die Verantwortung für die Situation tragen.

Soll ich den Vater leiden lassen? Wodurch? Soll ich auf Rente und Zukunft verzichten, damit er blechen muss? Wie können Sie eine arbeitsfähige neue Generation erwarten, die Ihre Altersversorgung sichert, wenn das mein Privatproblem ist?

Aufgaben

1 Welche Beiträge leisten Eltern für die Gesellschaft?

2 Mit welchen Problemen haben sie zu kämpfen?

3 Welche Forderungen stellt die Autorin?

4 Nehmen Sie dazu Stellung.

Weite Welt in der Provinz

SPRACHE: Mannheims IDS-Chef und das falsche Englisch

Aus dem Englischen ins Deutsche übernommene Wörter stoßen nach Einschätzung des Direktors des Instituts für deutsche Sprache (IDS) in Mannheim, Gerhard Stickel, immer mehr auf Unverständnis. Nicht nur ältere Menschen fühlten sich durch die Flut so genannter Anglizismen „auf den Arm genommen", sagte der Sprachforscher in einem dpa-Gespräch. Er wies darauf hin, dass nur rund die Hälfte der Westdeutschen und ein Viertel der Ostdeutschen über Englischkenntnisse verfügten.

Einige der Modewörter stammten gar nicht aus englischsprachigen Ländern, sondern seien vielmehr die Erfindung „von Werbeagenturen aus Düsseldorf". Als Beispiel nannte Stickel die Bezeichnung „Handy" für Mobiltelefone, mit der weder Amerikaner noch Engländer etwas anfangen könnten. Mit Anglizismen versuchten Unternehmen, über die Werbung Stimmungen und Gefühle zu vermitteln und „in der deutschen Provinz den Duft der großen weiten Welt zu verkaufen". Auffällig sei, dass englische Ausdrücke oft einen ursprünglich französisch geprägten Begriff ablösen: Der „Bankier" heißt jetzt „Banker", statt zum „Rendezvous" trifft man sich nun zum „Date".

Nach dem Streit um die Rechtschreibreform erhofft Stickel sich in Zukunft Diskussionen über die deutsche Sprache, bei denen weniger die Regeln und mehr die Inhalte im Vordergrund stehen. Ursache für die Erregung der letzten Monate sei vor allem Unsicherheit. „Keiner hat ein ganz sicheres Gefühl bei der Rechtschreibung, weder nach den alten noch nach den neuen Regeln", glaubt der Germanist. Mangelnde Gewöhnung sei auch ein Grund für Klagen, die neue Schreibweise zum Beispiel von „Kuss" statt „Kuß" sehe unschön aus.

Ein wichtiges Ziel in einem Europa ohne Grenzen sei es, „die eigene Sprache im Konzert der anderen zu erhalten", sagte Stickel. Zwar werde sich in Bereichen wie der Wirtschaft ein „Euro-Englisch" durchsetzen. Dennoch sollten Europäer auch in hundert Jahren noch in der Lage sein, Cervantes' „Don Quichotte" oder Goethes „Faust" im Original zu lesen, sagte der Sprachforscher. Stickel plädierte dafür, mehrere Sprachen zumindest passiv zu beherrschen.

Im Osten und Westen Deutschlands sei im Bereich der Sprache eine weit gehende Einheit erreicht worden, sagte Stickel. Nach einer repräsentativen Umfrage seines Instituts sehen 76 Prozent aller Deutschen überhaupt keine sprachlichen Schwierigkeiten mehr beim Auskommen miteinander. In den meisten Fällen habe sich ostdeutscher Sprachgebrauch dem Westen angepasst. Allerdings seien DDR-typische Wörter wie „Zielstellung" und „andenken" inzwischen auch im Westen gebräuchlich. dpa

Aufgaben

1 Welche Kritik übt der Autor an dem Sprachverhalten?

2 Formulieren Sie seine Forderungen.

In die neue Welt

Es ist eine Ironie der Geschichte, dass ausgerechnet jetzt, wo ein neues Zeitalter der Technologie heraufzieht, wir Menschen auf eine unserer ältesten Empfindungen zurückgeworfen sind: auf die Angst vor den anderen, die sich von uns unterscheiden, sei es aufgrund der Rasse, der Stammeszugehörigkeit (wie in Afrika) oder der ethnischen Gruppe (wie auf dem Balkan).

Wir leben in einer Welt nie gekannter Möglichkeiten. Unseren Wissenschaftlern, ihren und unseren gemeinsam, ist im vergangenen Jahr die Entzifferung des Genoms gelungen. Wir kennen nun die beiden Gene, die mit hoher Wahrscheinlichkeit Auslöser für Brustkrebs sind. Zugleich sind wir ziemlich weit fortgeschritten in der Nanotechnologie. Wenn ich dies erwähne, werde ich übrigens in den Vereinigten Staaten oft belächelt. Es geht dabei im Wesentlichen um sehr, sehr winzige Computer. Bald werden wir leistungsfähige Computer von der Größe einer Träne haben. Es ist dieses Zusammentreffen von Biotechnologie und Nanotechnologie, das uns völlig neue Entwicklungsmöglichkeiten in unserem Leben eröffnet.

Es ist sehr wahrscheinlich, dass jede Frau im gebärfähigen Alter hier im Raum einmal ein Kind in die Welt setzen kann, das eine Lebenserwartung von neunzig Jahren und mehr hat. Oder lassen Sie mich das Beispiel der globalen Erwärmung erwähnen, die so viel Beunruhigung auslöst. Schon in zwei bis drei Jahren wird es unseren Wissenschaftlern vermutlich gelingen, aus Biomasse, also landwirtschaftlichen Produkten oder gar landwirtschaftlichen Abfällen, Treibstoffe herzustellen, die die traditionellen Energiequellen ersetzen.

Und zur gleichen Zeit muss die Hälfte der Menschheit mit weniger als einem halben Dollar am Tag auskommen, hat eine Milliarde Menschen weniger als einen Dollar am Tag, gehen eine Milliarde Menschen jeden Abend hungrig zu Bett, haben eineinhalb Milliarden Menschen keinen Zugang zu sauberem Trinkwasser und stirbt einer von vier Menschen an Krankheiten wie Aids, Tuberkulose, Malaria und infektionsbedingtem Durchfall.

Jeder von uns, der in einem der reichen Industriestaaten lebt, sei er Regierungschef, früherer Regierungschef, Medienvertreter oder auch nur ein besorgter Bürger, muss nach Wegen suchen, um die Ursachen von Gewalt und Armut auszurotten. Auf dem G-8-Gipfel in Köln, zu dem mein Freund, der Bundeskanzler, uns eingeladen hatte, haben wir in diesem Zusammenhang über den Schuldennachlass für die armen Staaten gesprochen. Wir haben dabei nach einem dritten Weg gesucht, und wir sind auch zu einer Lösung gekommen. Wir sagten diesen Staaten: Wir erlassen euch eure Schulden, aber ihr müsst jeden einzelnen Dollar in Ausbildung, Gesundheitsvorsorge und wirtschaftliche Entwicklung stecken – jeden einzelnen Dollar für diese Ziele, und nichts davon für das Militär ausgeben oder auf ausländischen Bankkonten verschwinden lassen.

Aus dem Amerikanischen von Markus Reiter.

Unser Text dokumentiert Auszüge aus der Rede, die Bill Clinton am vergangenen Dienstag in Baden-Baden bei der Verleihung des Deutschen Medienpreises 2000 an Gerhard Schröder hielt.

FAZ, 16.03.2001

Aufgaben

1 Welche besonderen Leistungen und Probleme der Wissenschaft führt der Redner an?

2 Stellen Sie die emotionale Haltung des Autors dazu dar.

3 Formulieren Sie die Forderungen, die er stellt, und nehmen Sie dazu Stellung.

5.2 Textanalyse

Situation

Sie sitzen gemütlich vor Ihrem Fernseher und genießen Ihre Lieblingssendung. Plötzlich erscheint auf dem Bildschirm ein „Werbefritze“, der Ihnen etwas anbietet, das Sie „unbedingt brauchen“. Sie fragen sich, wie Sie mit derartigen Werbungen umgehen sollen.

Werbung

Wirtschaftswerbung ist die Summe aller Maßnahmen, die folgende Ziele hat:

- Eine Branche oder eine Firma bekannt zu machen und ihr ein positives Image zu geben (Imagewerbung),
- ein bestimmtes Produkt als begehrenswert vorzustellen (Produktwerbung),
- bewusste und unbewusste Bedürfnisse zu wecken,
- Menschen zu veranlassen diese Produkte zu kaufen oder z. B. zu mieten.

Elemente der Werbung

Werbung ist dann besonders erfolgreich, wenn der gedruckte oder gesprochene Werbetext durch Bilder, Musik, Szenen u. a. unterstützt wird. Dabei ist das Bild besonders wirkungsvoll, denn „Ein Bild sagt mehr als tausend Worte" (Pestalozzi).

Aufgaben

1 Beurteilen Sie die Werbung auf Seite 153 hinsichtlich der Textaussage und des dazugehörigen Bildes.

2 Vergleichen Sie das Größenverhaltnis von Bild und Text, z.B. in der Zigarettenwerbung.

3 Welcher logische Zusammenhang besteht zwischen den beiden Elementen?

Elemente im Kommunikationsmodell

Wir kennen drei Funktionen der Sprache	Ihnen entsprechen drei Elemente der Werbung
Darstellung (Information)	Ware
Ausdruck (Gefühle, Wünsche)	Verkäufer
Appell (Aufforderung)	Käufer

Die Ware wird als besonders begehrenswert beschrieben. Oft wertet sie der Texter auf, z.B. mit Superlativen oder mit Hochwertwörtern: „Das Beste, das es je gab", oder „Herr Kaiser bringt Ihnen das edle Juwel ..."

Der Verkäufer steht im Mittelpunkt, wenn seine Gefühle, Wünsche, Bedürfnisse, Instinkte besonders angesprochen werden, z.B. mit dem aussagefähig-informativen Text: „Ich rauche gern." Emotionale Aspekte sind z.B. Angst vor Krankheit, Schmerzen, Alter; Abneigung gegen Schmutz, Kälte, Regen ...; Eitelkeit und Geltungsbedürfnis, Luxus und Aufstieg, Reiselust, Besitz- und Sammlerinstinkt, Sexual-, Spiel- und Machttrieb, Mutterinstinkt ...

Der Käufer: Werbefachleute wenden sich auch bei potenziellen Käufern – mit sachlichen Argumenten – an die Vernunft. Sie nennen viele technische Details und umwerben den Käufer als Fachmann. Die Werbung richtet sich immer an eine bestimmte Zielgruppe, z.B. an die Raucher, Autofahrer, Hausfrauen, Mütter, Katzenliebhaber, Jugendliche, ältere Menschen. Sie muss z.B. deren Bedürfnisse kennen, wecken, befriedigen, deren Sprache sprechen, deren Statussymbol verwenden. Die Käufer werden sprachlich aufgewertet als clevere Kenner ...

Der Hersteller macht sich häufig klein: „Wir dienen Ihnen. Der Kunde ist König." Er spricht häufig von sich und seinem Bemühen um den Kunden, die Gesellschaft, die Umwelt. Um ihn zu verstehen, muss der Kunde den Markt und seine Produkte kennen, z.B. „Dein guter Stern auf allen Straßen". Diese Imagewerbung hat das Ziel, das Vertrauen zwischen Hersteller oder einer Branche und den Kunden zu stärken. Im Modell sieht dies wie nebenstehend dargestellt aus:

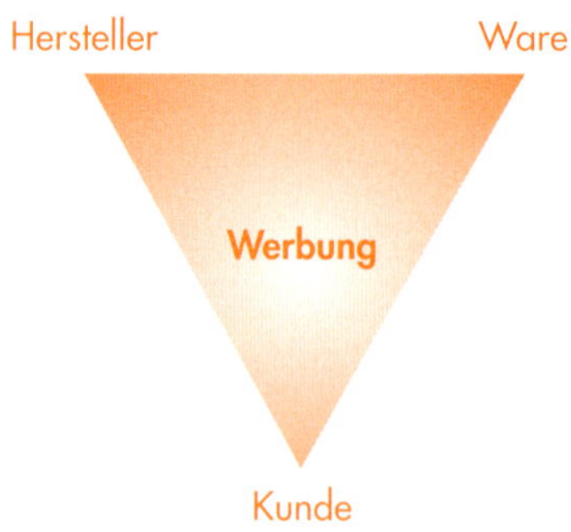

Werbestrategie

Viele Werbestrategien benutzen das AIDA-Modell.

Die Werbung soll zunächst **Aufmerksamkeit** erregen. Das geschieht häufig durch ein Bild. Die Aufgabe besteht darin, dass der potenzielle Kunde die Anzeige überhaupt liest bzw. sich den Werbespot anhört oder anschaut. Erst dann kann ihm eine Werbebotschaft vermittelt werden.

Dann soll das **Interesse** an dem Produkt geweckt werden. Der Werbende stellt es daher als besonders attraktiv dar.

Dadurch soll in dem potenziellen Kunden der **Wunsch** entstehen, dieses Produkt zu besitzen, um ein Bedürfnis zu befriedigen.

Schließlich soll dieses Begehren zur **Handlung,** also zum Kauf führen.

Werbestrategie	
Attention	Aufmerksamkeit erregen
Interest	Interesse wecken
Desire	Wunsch nach Besitz auslösen
Action	Handlung, Kaufen

Werbesprache

Meistens finden wir die Kombination mit dem Bild, häufig auch mit Geräusch und Musik. Werbetexte sollen kurz und einprägsam sein. Werbeslogans sind uns allen bekannt:

- Das grüne Band der Sympathie.
- Auf diese Steine können Sie bauen.
- Wir bieten mehr als Geld und Zinsen.
- AEG Aus Erfahrung gut.
- Katzen würden Whiskas kaufen.
- Bauknecht weiß, was Frauen wünschen.
- Manchmal muss es Mumm sein.

Werbekonstanten sind ein wichtiges Mittel der Werbung. Es sind sprachliche und nichtsprachliche Symbole, Markenzeichen, die wir mit einer Firma oder einem Produkt identifizieren, z. B.:

Wortschatz der Werbung

Wortschatz der Werbung unterscheidet sich von der Alltagssprache, z.B. durch folgende Aspekte:

Abkürzungen (AEG, VW, DB)

Fremdwörter (Openairkonzert, Gartenparty, Fans, After eight)

häufige Nennung des Produktnamens

Hochwertwörter (edel, kaiserlich, rein, echt, original, festlich, Qualität, vornehm)

Superlative (Topstar, Supershow, höchste, beste, genialste)

Jargon (jetzt seid ihr am Drücker, kesse Biene)

Modewörter (Hobby, „in")

persönliche Fürwörter (für Sie, nur mit Ihnen)

Satzbau

Verkürzte Sätze: Meistens fehlt das Prädikat (Ihr guter Stern auf allen Straßen, 4711 immer dabei, Seit 50 Jahren bekannt).

Fragesätze: Rhetorische Fragen (Müde? Abgespannt? Nehmen Sie ...)

Meinungen, die als sachliche Aussagesätze formuliert sind (Wir lassen uns den guten Klang bezahlen, nicht die Form.).

Aufforderungssätze (Nehmen Sie ...!, Kluge Köpfe lesen ...!)

Stilistische Mittel, z. B.

Verschweigen negativer Eigenschaften oder Umdeuten in positive (saurer Wein ist trocken, naturrein).

Alliteration (Milch macht müde Männer munter.)

Reim (Lustgenuss im Schokoguss)

Parallelismus (Kabafit macht fit, hält fit)

Witz und Humor (meist als Szene gespielt)

Literarische Vorlagen (Ein Mensch, der abends trinkt ein Bit, ist morgens unbeschwert und fit.)

Wissenschaftsbezüge (klinisch getestet, vom Zahnarzt empfohlen)

Die Werbewirtschaft verwendet häufig eine Sondersprache ohne Rücksicht auf die im Alltag übliche Sprachwirklichkeit.

Aufgaben

1 Suchen Sie aus Zeitschriften und Zeitungen Werbeanzeigen heraus und prüfen Sie eine davon auf folgende Aspekte:
a) Zielgruppe
b) Verhältnis von Bild und Wort
c) Steht die Ware, der Käufer oder der Hersteller im Vordergrund?
d) Wird die AIDA-Formel benutzt?
e) Welche Wörter fallen auf (Satzbau – Stilmittel)?
f) Welche Bedürfnisse werden angesprochen?
g) Haben Sie eher den Eindruck, informiert, motiviert oder manipuliert zu werden?

2 Verfassen Sie selbst einen Text mit Bild, mit dem Sie für ein Produkt werben – oder für sich selbst.

6 Heiteres und Ernstes

Genießen Sie einfach!

Januar denn 33. München, 1925 '/z

Liebe Geliebte!

Mit weinenden Händen nehme ich den Federhalter in meine Hände und schreibe Dir.

Warum hast Du solange nicht geschrieben, wo Du doch neulich geschrieben hast, dass Du mir schreibst, wenn ich Dir nicht schreibe. – Mein Vater hat mir gestern auch geschrieben. Er schreibt, dass er Dir geschrieben hätte, Du hast mir aber kein Wort davon geschrieben, dass er Dir geschrieben hat.

Hättest Du mir ein Wort davon geschrieben, dass Dir mein Vater geschrieben hat, so hätte ich meinem Vater geschrieben, dass Du ihm schon geschrieben hättest wollen, hättest aber leider keine Zeit gehabt zum Schreiben, sonst hättest Du ihm schon geschrieben.

Mit unserer Schreiberei ist es sehr traurig, weil Du mir auf kein einziges Schreiben, welches ich Dir geschrieben habe, geschrieben hast.

Wenn Du nicht schreiben könntest, wäre es etwas anderes, dann täte ich Dir überhaupt nicht schreiben, so kannst Du aber schreiben und schreibst doch nicht, wenn ich Dir schreibe.

Ich schließe mein Schreiben und hoffe, dass Du mir nun endlich einmal schreibst, sonst ist dies mein letztes Schreiben, welches ich Dir geschrieben habe. Solltest Du aber einmal wieder nicht schreiben, so schreibe mir wenigstens, dass Du mir überhaupt nicht schreiben willst, dann weiß ich wenigstens, warum Du mir nie geschrieben hast.

Verzeihe mir die schlechte Schrift, ich bekomme immer den Schreibkrampf beim Schreiben. Du bekommst natürlich nie den Schreibkrampf, weil Du nie schreibst.

Gruß und Kuß

Dein Karl Valentin

Illustration: Metz & Schütz

Illustration: Johannes Mertens

Lieber Gott und Herr,

setze dem Überfluss Grenzen,
und lasse die Grenzen überflüssig werden.

Lasse die Leute kein falsches Geld machen,
aber auch das Geld keine falschen Leute.

Nimm den Ehefrauen das letzte Wort,
und erinnere die Ehemänner an ihr erstes.

Schenke unseren Freunden mehr Wahrheit
und der Wahrheit mehr Freunde.

Bessere solche Beamten, Geschäfts- und Arbeitsleute, die wohl tätig,
aber nicht wohltätig sind.

Lass die, die rechtschaffen sind,
auch Recht schaffen.

Gib den Regierenden ein besseres Deutsch
und den Deutschen eine bessere Regierung.

Sorge dafür, dass wir alle in den Himmel kommen,
aber nicht sofort.

Neujahrsgebet des Pfarrers von St. Lamberti in Münster, Anno 1883

Sachwortverzeichnis

S

T

U

V

W

Z

Bildquellennachweis

Trotz größter Sorgfalt konnten die Urheber der Abbildungen nicht in allen Fällen ermittelt werden. Wir bitten gegebenenfalls um eine Mitteilung.

Guido Adolphs
Lüttinghauser Str. 158
42369 Wuppertal

Bayer AG
Konzernbereich Unternehmenskommunikation
Gebäude W 1
51368 Leverkusen

CCC Cartoon-Caricature-Contor
Rosmarinstraße 4
80939 München

Cartoon Concept
Agentur und Verlag GmbH
Postfach 1269
30012 Hannover

Deutsche Presse-Agentur GmbH
Bilderdienst
Gutleutstraße 110
60327 Frankfurt am Main

Landesarchiv Berlin
Fotosammlung
Eichenborndamm 115–127
13403 Berlin

Johannes Mertens
Habsburgerstr. 28
90475 Nürnberg

Metz & Schütz
Pommernstraße 3
34233 Fuldatal

Schophuis-Gruppe
Werningkamp 6
48493 Wettringen

Svenson Haar Studios GmbH
Kleppingstraße 9–11
44135 Dortmund

Thyssen Treppenlifte GmbH
Sperberweg 4L
41468 Neuss